资助项目：国家自然科学基金重点项目"绿色港口与航运网络运营管理优化研究"（71831002）和国家自然科学基金面上项目"基于成本控制的外贸集装箱运价保险创新研究"（72072018）。

我国国际航运交易所建设路径研究

匡海波　余方平　马怡济　著

科学出版社

北　京

内 容 简 介

航运交易所（简称航交所）是自由贸易港（简称自贸港）的标配。本书在海南自贸港建设的大背景下，结合航运业及航运衍生品发展趋势，对我国设立国际航交所可行性进行深入研究，主要包括我国组建航交所的重要意义及机遇与挑战、国内外航交所发展经验与借鉴、航运指数和航运衍生品、国际航交所发展趋势、我国组建国际航交所的发展规划和方案设计、国际航交所建设保障措施以及海南自贸港可行性分析。

本书可供航运金融从业人员/科学研究人员等参考。

图书在版编目(CIP)数据

我国国际航运交易所建设路径研究／匡海波，余方平，马怡济著.—北京：科学出版社，2022.8
ISBN 978-7-03-072929-3

Ⅰ.①我⋯　Ⅱ.①匡⋯ ②余⋯ ③马⋯　Ⅲ.①航运交易所–研究–中国
Ⅳ.①F552

中国版本图书馆 CIP 数据核字（2022）第 155108 号

责任编辑：李晓娟／责任校对：樊雅琼
责任印制：吴兆东／封面设计：无极书装

科学出版社 出版
北京东黄城根北街 16 号
邮政编码：100717
http://www.sciencep.com
北京建宏印刷有限公司 印刷
科学出版社发行　各地新华书店经销

*

2022 年 8 月第 一 版　开本：720×1000　B5
2022 年 8 月第一次印刷　印张：11 3/4
字数：240 000
定价：168.00 元
（如有印装质量问题，我社负责调换）

前　言

党的十八大以来，习近平总书记先后十余次视察港航企业，对新时代航运业发展寄予厚望。习近平总书记指出"经济强国必定是海洋强国、航运强国"。我国是港航大国，近十年港口吞吐量始终位居世界第一，船队规模与造船能力始终跻身世界前列，但我国并非是港航强国，我国主要港口城市与伦敦、新加坡等国际航运中心相比差距较大，其中尤其是以航运交易所建设为代表的高端航运服务业差距非常明显。同时，航交所不仅仅是航运业最核心资源的优化配置场所和进出口贸易海运运费的风险管理和资源置换场所，还是自由贸易港建设的"皇冠"。深入推进全面深化改革开放战略，组建我国国际航交所很必要、很迫切。进入 21 世纪之后，在亚洲经济贸易快速发展的推动下，国际航运资源将进一步向亚洲地区集聚，国际航运中心也将向亚洲转移，为我国组建国际航交所提供弯道超车的机会。

在这样的大背景下，本书的目标是通过系统分析我国组建国际航交所的重要意义和现实条件，全面梳理国际航交所发展经验，帮助我国有志之士了解航交所及其业务发展的过去、现在和未来，以期为我国组建国际航交所提供决策参考，切实为振兴我国高端航运服务业贡献一份微薄之力。

本书内容安排如下：第 1 章详细分析我国组建国际航交所的重要的历史意义、战略意义和经济意义。第 2 章深入探讨我国组建国际航交所的政策、市场、行业及技术四大机遇与内外部挑战。第 3 章主要概括国内外传统和新型的航交所发展经验，对现有航交所主要特点和建设经验进行深入总结。第 4 章就航交所核心基础业务——航运指数进行全面介绍，对波罗的海航交所、普氏能源资讯以及上海航交所三大航运指数体系的构成、编制规则、最新进展等进行深入剖析。第 5 章对航运衍生品发展历史进行详细梳理，同时首次对奥斯陆国际海运交易所、新加坡证券交易所、欧洲能源交易所、纽约商品交易所以及上海航交所的航运衍生品作重点介绍。第 6 章对国际航交所的发展趋势中的新业态、新业务等进行探讨分析。第 7 章就我国组建国际航交所的使命、战略定位、基本职能、发展目标、建设原则和策略、创新路径等进行探讨。第 8 章就我国组建国际航交所的建设的方案进行初步设计，具体包括组织形式、股东结构和资本金、组织架构、业务模式、风险控制体系等内容。第 9 章对我国组建国际航交所的法律、政策等保障措施进行介绍。第 10 章详细分析在海南自由贸易港设立国际航交所的基本条件和可行性。

本书由大连海事大学综合交通运输协同创新中心匡海波教授、余方平副教授和马怡济博士负责撰写。在撰写过程中，也得到了孟斌副教授、郭红月副教授以及万民博士的大力支持。本书的出版也得到了国家自然科学基金重点项目"绿色港口与航运网络运营管理优化研究"（71831002）和国家自然科学基金面上项目"基于成本控制的外贸集装箱运价保险创新研究"（72072018）的资助。

本书尽管撰写过程比较长，但书中仍会有疏漏之处，恳请读者批评指正。

作者

2022 年 6 月

目　　录

第1章 我国组建国际航交所的重要意义

航交所是海运市场基础资源要素信息交互、撮合交易、集中清算的场所。可以说，航交所是航运市场发展到高级阶段，由最初的船舶、货物匹配信息逐渐升级运价、融资等一系列的信息和资金交汇的需求。组建国际航交所对我国具有重要的历史意义、战略意义和经济意义。

1.1 组建国际航交所的历史意义

人类的海运历史可以追溯到数千年前。公元前4000年前后，埃及就在地中海和克里特岛之间存在贸易往来。公元前1200年开始，腓尼基人在东部地中海大力发展海运业，用本国的工艺品从塞浦路斯和非洲换回金属、食盐等生产生活必需品。公元前3世纪到公元前2世纪，阿拉伯海出现了第一批沿海航线。同期，罗马在地中海的航运继承了埃及和腓尼基的传统，主要运输粮食和建筑材料，航线最远延伸到了南亚和非洲。公元7世纪到13世纪，阿拉伯帝国在海运领域崭露头角，开始在亚洲、非洲和欧洲发展海运贸易，极大地促进了航海业、造船业以及帆船驾驶技术等的发展。

公元15世纪到19世纪，欧洲开始进入大航海探索时代。西北欧的航海和造船业的进步，葡萄牙、荷兰、英国等国家海运业先后崛起，使得大西洋—美洲、欧洲—亚洲航线日益繁忙，大量美洲的烟草和金银、亚洲的香料、棉花、丝绸和茶叶等商品被运往欧洲，尤其是英国，成为世界上第一大海运强国。在此期间，日本开展官方航海贸易，到16世纪末贸易扩大到东南亚国家。随后日本在明治维新运动中，颁布

《航海奖励法》和《造船奖励法》，为日本航运业的发展打下了重要的基础。1783年美国独立战争结束，早期的美国政府极为重视航运的发展。但在南北战争结束后，美国政府对航运不够重视，导致航运业发展缓慢。直到第一次世界大战到第二次世界大战期间，美国政府再度意识到航运业的重要性，《1916年航运法》为美国海上霸权奠定基础，随后颁布最全面的航运政策立法——《1936年商船法》，充分利用第二次世界大战有利时机发展航海业，最终取代英国成为世界上头号的海运强国。苏伊士运河、巴拿马运河的通航，使大西洋、印度洋和太平洋得到了连接，人造运河也加速重塑了全球海运和贸易的格局。

我国的航海发展历史也非常辉煌。例如，春秋战国时期，吴、越、齐三国都是具有航海能力的诸侯大国。秦朝曾派遣船队东渡日本。唐、宋、元时期，指南针、钢铁铸造造船、航标等技术发明推动了航运业发展，我国与世界各国的海上通商达到了全面繁荣，如宋朝海运贸易和交流覆盖了当时全球50余个国家和地区。明朝我国航海业发展到了封建时期的顶点。郑和在15世纪七次下西洋，途经亚洲和非洲，最远到达非洲东岸。在这一时期，我国出口的主要是丝绸、陶瓷等商品。伴随着古代海上丝绸之路的不断扩展，我国在清朝以前曾一度成为全球海运发展进程中的先锋，在海运发展史中扮演着不可或缺的大国角色。我国古代的航海规模在清朝之前一直占据世界首位，直到西方工业革命发明蒸汽轮船之后，中国航海业才真正走向没落。

回顾全球航运历史，大国的崛起，绝大部分在海洋上崛起。那些屹立于世界之巅的强国无一不是通过征服海洋实现大国崛起的。海运的发达程度是国家经济实力的体现，而国家经济实力通过海运的不断发展得到不断提升。当前中国GDP已经连续数年保持世界第二的水平，将航运业做大做强是顺应经济发展水平以及历史客观规律的选择。党的十八大明确提出"提高海洋资源开发能力，发展海洋经济，保护海洋生态环境，坚决维护国家海洋权益，建设海洋强国"。航交所作为海运业最顶端的基础要素，随着航运产业链深化，成为航运业进入发展新阶段的标志性产物。因此，我国组建国际性的航交所既是建设现代化的海洋强国的不可或缺的一环，也是我国重振海上丝绸之路的必要元素。

1.2 组建国际航交所的战略意义

组建国际航交所是国家战略的必然要求，也是落实这些战略的着力点。因此，国际航交所肩负多重战略意义。

（1）组建国际航交所是下好"一带一路"倡议建设的"先手棋"，有助于显著提高"海上丝绸之路"联通能力、辐射能力与服务能力

2013 年 10 月，为进一步深化中国与东盟的合作，构建更加紧密的命运共同体，习近平总书记提出建设 21 世纪海上丝绸之路的重要倡议。2015 年 3 月，国务院发布《推动共建丝绸之路经济带和 21 世纪海上丝绸之路的愿景与行动》，"一带一路"倡议正式上升至国家层面。"一带一路"倡议目标是要努力实现政策沟通、设施联通、贸易畅通、资金融通、民心相通，打造国际合作新平台，增添共同发展新动力。

"一带一路"贯穿亚欧大陆，东边连接亚太经济圈，西边进入欧洲经济圈。2013~2021 年，我国与"一带一路"沿线国家进出口总值从 6.46 万亿元增长至 11.6 万亿元，年均增长 7.6%，占同期我国外贸总值的比例从 25% 提升至 29.7%。随着"一带一路"倡议不断深入落实，迫切需要平台或载体为沿线国内外港口间的贸易往来提供航运服务，并在"一带一路"建设中创新商业模式，加强与沿线国家的航运与港口企业的合作，大力开展全球化经营，促使区域间互通有无、优势互补，建立和健全航运供应链、产业链和价值链。

因此，国际航交所作为全球国际化的航运资源要素交互处，与"一带一路"倡议的"互联互通"内涵完全一致，必然引致航运物流自由、服务自由、资金自由、人员自由。因此，建设国际航交所是下好"一带一路"倡议的"先手棋"，将进一步强化我国航运枢纽地位和航运服务能力，加快对外开放，推动与"一带一路"沿线国家和地区开展更加务实高效的合作，推动我国航运市场形成与国际接轨的市场开放格局，打造海上丝绸之路的商贸枢纽、航运枢纽。

（2）组建国际航交所是助推对外全球化战略的"突破口"，有助于打造我国综合实力全球核心地位

2016年以来，英国脱欧、贸易制裁等国际形势无不涌动着逆全球化的思潮，曾经的"地球村"观念在一些国家正在被贸易保护、边境修墙、控制移民等思潮掩盖。在这种大背景下，以我国为代表的发展中国家主导的全球化正在世界经济体系中扮演越来越重要的角色。主动参与、推动引领经济全球化进程，发展更高层次的开放型经济，开拓广阔发展空间，为共建开放型世界经济作出更大贡献。

2013年以来，我国坚持对内对外开放相互促进、"引进来"和"走出去"更好结合，推动贸易和投资自由化便利化，构建面向全球的高标准自由贸易区网络，建设中国（上海）自由贸易试验区、海南自由贸易港和粤港澳大湾区等，推动规则、规制、管理、标准等开放。一系列自贸区和自贸港的设立、金融市场深入改革开放，再到签署《中欧双边投资协定》，正式申请加入《全面与进步跨太平洋伙伴关系协定》（Comprehensive and Progressive Agreement for Trans-Pacific Partnership，CPTPP）、《数字经济伙伴关系协定》（Digital Economy Partnership Agreement，DEPA），2022年1月1日正式实施的《区域全面经济伙伴关系协定》（Regional Comprehensive Economic Partnership，RCEP）等，标志着我国高水平对外开放在持续深化，已经成为抵御逆全球化的重要手段和支撑。在这一进程中，国际贸易的发展、技术信息的交流融合，进一步提升我国对外贸易的发展层次和质量水平，也需要我国航运业发挥更大作用。航运业作为国际贸易的物理运输的重要载体，背后承载的不仅仅是强大的贸易流，更多的是信息流、资金流；承载的不仅仅是全球供应链构造、运行，更多的是供应链上全球国际化的标准、规则话语权。航运业本身作为一个行业，也需要能肩扛这种责任和任务的平台。而国际航交所作为国际贸易中各行各业瞩目的价格、信息和资金中心，为我国参与并制定全球化的各种标准规则，具有强大"地基"的作用。

（3）组建国际航交所是服务"交通强国"和"海运强国"战略建设的"制高点"，有助于显著增强我国在国际航运金融市场的定价权与话语权

党的十八大以来，习近平总书记先后十余次视察港航企业，对新时代航运业发展寄予厚望。习近平总书记指出"经济强国必定是海洋强国、航运强国""经济要发展，国家要强大，交通特别是海运首先要强起来""要志在万里，努力打造世界一流的智慧港口、绿色港口"。我国是港航大国，近十年港口吞吐量始终位居世界第一，船队规模与造船能力始终跻身世界前列，但我国并非港航强国，我国主要港口城市与伦敦、新加坡等国际航运中心相比差距较大。为此，航运业是我国实施"交通强国"和"海运强国"等国家战略的重要支撑。

国际航交所在创建我国海洋经济、航运经济可持续增长的新模式方面能树立典型引领效应，可以在"交通强国"和"海运强国"建设中发挥显著作用。更重要的是，航运金融处于航运产业链顶端，是"交通强国"和"海运强国"的制高点。航运与金融与生俱来、密不可分。历史经验表明，不具备发达的航运金融称不上"交通强国"和"海运强国"。

自由贸易港建设的重要一环是建设国际航交所，其是服务"交通强国"和"海运强国"战略建设的"制高点"，海南国际航交所的发展将立足国内，面向全球航运市场，不断扩大中国航运业的影响力，代表我国夺取在国际海运和航运金融领域相应的话语权与定价权，并助推人民币国际化进程等其他国家战略的实施。

1.3 组建国际航交所的经济意义

（1）为我国畅通国际贸易经济活动保驾护航

从宏观层面来看，第二次世界大战以来，全球商品贸易额占全球经济总量的比例由 20% 左右上升至 40% 以上，商品贸易日益成为全球经济的中流砥柱。海运是国际商品贸易中最主要的运输方式，占到国际贸易总运量的90%以上。中国作为全球经济总量第二大经济体，在全球贸易中的参与度不断提高，2021年90%的进出口货物都是通过海运的方式进行的，这要求我国组建国际航交所为我国国际贸易经济中的信息、资金等提供交汇的场所和平台。

从中观层面来看，我国航运产业链、供应链话语权目前已经具有了举足轻重的影响力，然而，在海运领域的高端服务业，包括航运咨询、航运经纪、航运金融等，滞后于造船业、港口装卸等低端产业的发展。尤其是最核心的航运运价，在现货市场没有与境外航运企业议价的能力，导致中国大量贸易运输需求产生的运费收入拱手让给境外航运企业。运价由境外航运企业主导将严重影响中国贸易、航运、造船、航运服务等整个产业链、供应链，进而影响国家经济安全。为此，发展中国航运金融衍生品市场，争夺国际航运运价定价权和话语权对中国建设海运强国具有深远的战略意义。

从微观层面来看，航运价格的波动直接关乎航运企业的损益，日益扩大的贸易规模也放大了运价波动的影响，运输成本与进出口企业乃至消费者的行为亦存在着千丝万缕的联系。为了更好地管理航运价格的风险，对航运衍生品等相关金融工具的需求正在提升。随着中国航运市场的发展，为了满足日益增长的运价避险需求，航运相关的衍生品工具呼之欲出。全球航运市场易受各国政治、经济、天气、燃油价格、供求关系等因素的影响，运价起伏波动剧烈，这就给其中的市场参与者的经营带来了巨大的不确定性风险。

航运市场的另一大特点是：航运业属于资金密集型行业，造船和买船都需千万美元到几亿美元的巨额资金，且造船周期长、交易时间长，航运市场的高波动性和高不确定性导致风险等级高，因此风险管理需求巨大。航运业具有资本集中度高、运价波动剧烈、经营风险大等特点，除宏观层面受地缘政治、世界经济、自然条件等诸多因素影响外，日常运营中，还需面对市场化、油价波动、港口拥堵、人员罢工、运输事故、极端气候、恐怖袭击等不确定因素带来的经营风险。

这些不确定性集中体现在运输价格、船舶价格和运输成本的波动幅度上。若没有航运金融衍生品市场，在航运市场景气期，中国航运企业尚且能在现货市场扩充运力、提高市场份额来赚取更多利润；然而一旦市场反转，便会面临大面积亏损。2008 年全球金融危机前后，因受制于国内没有建立起自己的运价衍生品市场，中国的一些大型国有企业不得不参与境外航运衍生品、燃油期权等交易，遭受到了重大经济损失。这些企业的巨额亏损归根到底是受制于人的无奈和尴尬。我国航运企业遭遇的困境充分印证了在充满不确定性的高风险航运市场，只有现货市场"一条腿走路"，没有套期保值的衍生品市场作补充，是极不健全的市场，对航运企业、进出口企业的经营造成了极大的困扰。我国航运企业、进出口企业需要一个契合其业务特征、受我国监管航运金融衍生品市场为其提供风险管理的工具，从而提高其稳定经营和参与国际竞争的能力。

（2）为我国自由贸易港建设输送强大引擎动力

自由贸易港与港航业相伴而生、相向而行。从国外自由贸易港发展历史来看，自由贸易港必然包含发达的航运市场、充沛的物流及众多的航线、班轮、船舶汇集的国际航运和贸易枢纽以及衍生的高端航运金融市场；高度发达的港航业以及衍生航运金融必然显著促进自由贸易港的建设与发展。

事实上，从近代大航海时代开始，在自由贸易港与国际航运中心发展过程中，形成了伦敦、纽约、汉堡、鹿特丹、东京、香港、新加坡等航运交易市场。其中，航交所是自由贸易港建设的"皇冠"，不仅仅是航运界最核心资源的优化配置场所与世界贸易运费的风险管理和资源置换场所，而且是自由贸易港的象征和标配，更是代表了一个国家在航海领域和贸易领域的定价权与话语权。因此，国际航交所是落实上述国际航运枢纽建设的重大发动机，也是航运金融开放创新的战略举措和前沿阵地。

上海、宁波、天津、深圳、广州、大连等港口城市纷纷建设国际航运中心已有若干年，从货物吞吐量和港口建设等硬件角度来看，取得了令人瞩目的成就。但是，在航运金融领域，尤其在航运价格的话语权和对运力资源的配置权上，我国航运企业在国际竞争中明显缺乏议价能力和风险控制能力，与纽约、伦敦等全球一线的国际航运和国际金融中心相比，差距也是显而易见的（表1-1）。因此，我国亟须充分利用现有政策和市场条件，加快发展航运衍生品，以适应资源配置型国际航运中心建设的需要，提升航运金融对航运业的服务水平，使航运金融成为中国航运实体经济转型发展、由大变强的重要推动力。

表 1-1   国际航运金融中心对比

航运金融中心	核心产业内容	产业特征	服务类别	特点
伦敦、纽约	航运交易、注册、仲裁及金融服务	知识密集	高端	全球航运业的主导地位
东京、新加坡	造船、船舶融资等金融服务和海事服务	资本密集	中端	全球航运金融中心之一
香港、鹿特丹	邮轮、货物运输等运输服务	资本密集	中端	全球航运服务中心
上海	码头、集装箱等港口服务	劳动密集	低端	全球航运物流中心

国际航交所通过供应链物流、航运、金融、保险、贸易、信息的整合、重构、拓展、优化与创新，以及商业模式创新来提升航运市场营销能力、货源控制能力、供应链综合服务能力和持续盈利能力，以此推进航运及相关行业的市场化、多元化、集约化、国际化的改革与转型发展。国际航交所需要依托"一带一路"倡议、自由贸易港、"交通强国"和"海运强国"等政策红利与天然区位及地缘优势，厘清国际航交所的战略定位、建设思路和可持续经营模式。按照"互联网+航运+金融+贸易"的思路，分步骤地创新构建航运资源和要素交易平台、国际航运业数据链、数据池，打造全球航运服务资源要素交易中心、航运金融定价中心和航运风险管理中心，成为多元开放、国际性创新型航运服务平台。

第 2 章 | 我国组建国际航交所的机遇与挑战

进入 21 世纪之后，在亚洲地区经济贸易快速发展的推动下，国际航运资源将进一步向亚洲地区集聚，国际航运中心也将向亚洲转移，我国组建国际航交所面临着一系列机遇，但是也面临着基础性、根本性及长期和短期交织的困难。深入分析这些机遇和挑战，可以更好地为我国组建国际航交所明晰方向和定位。

2.1 我国组建国际航交所的机遇

自由贸易港必然包含由发达的航运市场、充沛的货物及众多的航线、班轮、船舶汇集的国际航运和贸易枢纽以及衍生的高端航运金融市场；高度发达的港航业以及高端航运金融市场必然显著促进自由贸易港的建设与发展。我国近年来大力推动自贸区、自贸港建设，为我国组建国际航交所提供了一个难得的机遇。

2.1.1 我国组建国际航交所的政策机遇

近年来，与航交所直接相关的海运和自贸港政策出台力度明显加大。2019 年 9 月，中共中央、国务院印发了《交通强国建设纲要》，为新时代海运业高质量发展指明了方向。2020 年 2 月，交通运输部联合国家发展和改革委员会、工业和信息化部、财政部、商务部、海关总署和国家税务总局印发了《关于大力推进海运业高质量发展的指导意见》，明确提出"大力发展航运金融保险、航运经纪、海事仲裁、航运交易、信息咨询等现代航运服务业，鼓励有条件的地方发展航运运价衍生品交易，促进要素集聚和功能完善"。与此同时，2013 年以来，我国在上海设立了第一个自由贸易试验区，到 2021 年底一共设立了 21 个自由贸易试验区、105 个跨境电商综合实验区，向全国复制推广了 278 项制度创新成果；对外签署的自贸协定数量在过去十年由 10 个增长到 19 个，增长了近 1 倍，和自贸伙伴的贸易额占中国全部贸易额的比例由 17% 增长到 2021 年的 35%。尤其是 2020 年 6 月，中共中央、国务院印发了《海南自由贸易港建设总体方案》，首次提出并推进海南自由贸易港建设，给国际航交所建设提供了税收优惠、营商环境、要素流动、产业扶持等全方位普惠性的政策红利，同时还为港航业上游到下游、低端到顶端量身定制一系列特殊性政策，如船舶、海员、货源、船舶登记、沿海捎带等基础要素制度壁垒破除，中端的港航特色市场培育和科技赋能，顶端的航运金融话语权和定价权等，这为我国组建国际航交所建设营造了前所未有的政策环境。

特别需要指出的是，我国近年来深化金融改革开放为国际航交所畅通了国际化大通道。航运业是高度全球化的行业，其计量货币目前仍以美元为主，这就涉及外汇自由兑换的问题。例如，上线自由贸易账户、扩大人民币跨境使用、探索资本项目可兑换、深化外汇管理改革、探索投融资汇兑便利化，扩大金融业开放，为贸易投资便利化提供优质金融服务。我国这些离岸金融措施的落实推进，为国际航交所的建设奠定了坚实基础。

2.1.2　我国组建国际航交所的市场机遇

随着全球货物贸易、服务贸易、技术贸易的加速发展，经济全球化促进了世界多边贸易体制的形成，从而加快了国际贸易的增长速度，促进了全球贸易自由化的发展，也使贸易全球化水平不断提高。据世界贸易组织（World Trade Organization，WTO）发布的《世界贸易统计数据》，2021 年世界贸易出口总额为 44.80 万亿美元。其中，通过海运方式运输的货物价值达到 40 万亿美元，同时 52% 的货物通过集装箱运输，22% 的货物通过油轮运输，20% 的货物通过一般货船运输，6% 的货物通过干散货船运输。海运市场每年贡献 GDP 1800 亿美元，创造就业岗位 420 万个。

在全球约 200 个国家和地区中，中国连续 13 年为全球最大贸易国，2021 年全年进出口总额高达 6.05 万亿美元，成为 50 多个国家和地区的第一大贸易伙伴，120 多个国家和地区的前三大贸易伙伴。其中，商品出口占国际市场份额由不足 11% 提高到 15%，货物贸易第一大国地位得到增强。2010～2021 年中国进出口贸易总额如图 2-1 所示。2021 年中国主要贸易伙伴进出口总额全面增长。

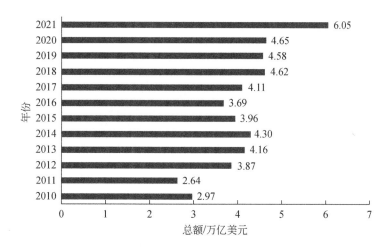

图 2-1　2010～2021 年中国进出口贸易总额

我国是全球主要大宗商品消费国和进口国，以及集装箱运输工业品和消费品进口国与出口国（表 2-1 和表 2-2）。

表 2-1　我国大宗商品对外依存度

板块	有色				能化		黑色		农产品		
商品	铜	铝	镍	锌	原油	橡胶	铁矿石	动力煤	豆类	油脂类	棉花
依存度	70%	40%	60%	20%	67%	50%	80%	8%	85%	80%	15%

板块	有色				能化		黑色		农产品	
生产国	智利、秘鲁等	巴西、几内亚、印度尼西亚、澳大利亚等	印度尼西亚、菲律宾等	秘鲁、玻利维亚、南非、澳大利亚等	沙特阿拉伯、伊拉克、伊朗、内瑞拉、俄罗斯等	泰国、印度尼西亚、马来西亚、越南等	巴西、俄罗斯、南非、澳大利亚等	印度尼西亚、蒙古国、俄罗斯、澳大利亚等	巴西、阿根廷、美国等	马来西亚、印度尼西亚、巴西等	印度、巴西、哈萨克斯坦等

资料来源：中信期货研究报告。

表 2-2　2020 年全球主要煤炭进出口量　　（单位：亿 EJ）

国家/地区	中南美	欧洲	非洲	中国	印度	日本	韩国	其他亚太国家	总出口
加拿大	0.04	0.10	0	0.14	0.06	0.23	0.31	0.07	0.95
美国	0.26	0.60	0.07	0.03	0.14	0.25	0.10	0.02	1.47
哥伦比亚	0.46	0.67	0.01	0.05	0.07	0.02	0.13	0.02	1.43
欧洲	0.01	0	0.02	0.01	0.08	0	0	0.01	0.13
俄罗斯	0.09	1.96	0.23	1.00	0.16	0.58	0.71	0.73	5.46
南非	0.01	0.08	0.12	0	0.62	0	0.04	0.69	1.56
澳大利亚	0.15	0.33	0.02	2.10	0.87	2.73	1.24	1.79	9.23
中国	0.01	0	0	—	0.01	0.03	0.04	0.08	0.17
印度尼西亚	0	0.01	0	2.34	2.04	0.69	0.64	2.78	8.50
蒙古国	0	0	0	0.79	0	0	0	0	0.79
其他亚太国家	0	0.01	0	0.15	0.12	0.02	0.01	0.26	0.57
总进口	1.03	3.76	0.47	6.61	4.17	4.55	3.22	6.45	30.26

资料来源：BP 煤炭数据库。

2.1.3　组建国际航交所的行业机遇

全球航运市场剧烈波动引致的风险管理需求给海南国际航交所创造了巨大的发展机会。全球航运市场易受各国政治、经济、天气、燃油价格、供求关系等因素的影响，运价起伏波动剧烈，这就给其中的市场参与者的经营带来了巨大的不确定性风险。因此，航运市场也被认为是风险最大的运输市场。事实上，波罗的海干散货综合指数（Baltic dry index，BDI）、原油运价指数和集装箱运价指数等典型航运指数的年化波动率都远超其他大宗商品（图 2-2 ~ 图 2-4）。例如，作为国际航运市场行情的晴雨表的 BDI，从 1985 年 1000 点开始，2008 年最高 11 689 点，2019 年 2 月跌到 628 点，跌幅超过 95%，高波动性极其明显。2020 ~ 2021 年新冠肺炎疫情期间，全球集装箱运价暴涨超过 3 倍；油轮运输市场竞争激烈，运价波动也非常大。航运市场的另一大特点是航运业属于资金密集型行业，造船和买船都需千万美元到几亿美元的巨额资金，且造船周期长、交易时间长，航运市场的高波动性和高不确定性导致风险等级高，因此风险管理需求巨大。

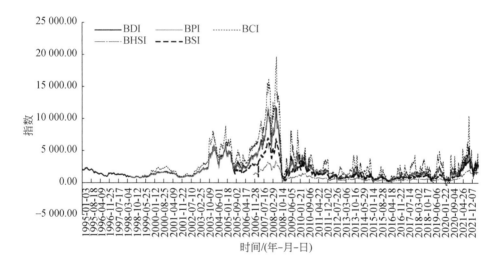

图 2-2　波罗的海干散货运价指数及其子指数走势

波罗的海干散货综合指数（Baltic dry index，BDI）、波罗的海好望角型指数（Baltic Capesize index，BCI）、波罗的海巴拿马型指数（Baltic Panamax index，BPI）、波罗的海超灵便型指数（Baltic superamax index，BSI）、波罗的海灵便型指数（Baltic handymax index，BHSI）

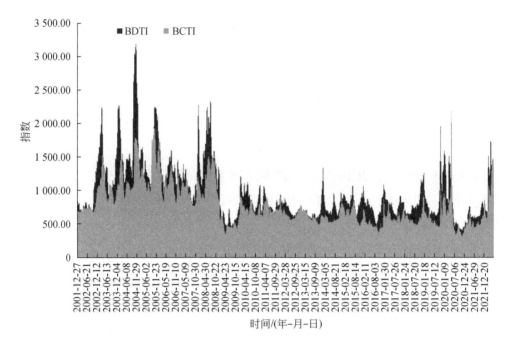

图 2-3　波罗的海原油和成品油运价指数走势

波罗的海原油运价指数（Baltic dirty tanker index，BDTI）、波罗的海成品油运价指数
（Baltic clean tanker index，BCTI）

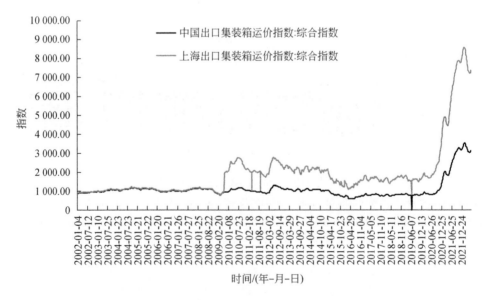

图 2-4　中国和上海出口集装箱运价指数走势

　　我国作为全球主要大宗商品消费国和进口国，以及集装箱运输工业品与消费品进口国和出口国，产业链上的船公司、进出口贸易企业等相关方，常常受到国际航运运价大幅波动的影响，造成的相应损失也巨大。面对国际航运市场的波动，货主和航运公司迫切需要一个能提供动态管理运价波动风险的工具与交易场所。针对航运市场的高风险性和高不确定性，航运衍生品应运而生，一方面将充分发挥其避险的功能，另一方面为自身的发展提供了良好的发展机遇。但现有境外航交所的航运衍生品主要集中在干散货和油轮，受制于航运业信息不对称、产品标准化难等原因，航运衍生品发展比较缓慢，而且未涉及集装箱运价市场。面对航运新常态，航运市场参与者面对的风险发生变化，急需设计推出适合航运新常态下的航运衍生品类型以规避新风险，这将成为国际航交所发展的动力和机会。

2.1.4　我国组建国际航交所的技术机遇

　　当前国际贸易、国际航运模式正面临转型，通过互联互通实现大数据的整合，并在此基础上创新商业模式，发展航运电子商务、跨境电商物流等新业态，打造互联网与制造、商贸、航运、金融全供应链融合新模式，无疑为组建国际航交所的"互联网+制造+商贸+航运+金融"平台、航运数据中心和航运服务中心提供了重要机遇。

　　随着大数据、人工智能、区块链等新技术的不断涌现，人类加速进入数字经济时代，各行业领域都在发生着"数字蝶变"。2020年我国数字经济规模达到39.2万亿元，占GDP的比例为38.6%。数字经济已经成为中国经济发展的新引擎。与其他经济不同，数字经济是一种以新一代信息技术为基础，以大数据为核心要素的新经济形态。信息技术的兴起为国际航交所的建设带来新机遇。航运信息的聚集是航交所最为关键也最为核心的职能，而信息时代的到来为新兴技术应用于航交所的建设提供了条件。其中新兴的区块链技术是现如今各领域关注的核心，国际市场区块链技术和实际应用均处在快速发展阶段，而区块链技术也被认为是第四次工业革命的重要推动引擎，传统航运业为了顺应时代的浪潮，进而推行了航运区块链的实际应用。例如，马士基在 2016 年开展了区块链用于跨境供应链的实验，推动区块链在集装箱供应链的应用。马士基和 IBM 合作开发的 TradeLens 平台将货主、贸易单证、码头运营商等集中在一个分布式数据库中。截至 2020 年 9 月，平台上已有 170 多家客户。同时，还使用区块链平台 Insurwave 试水海上保险，利用区块链分布式账本建立保险合同，以大幅降低保险理赔时间、成本及风险。因此，以区块链为代表的信息技术为以航运交易为核心的国际航交所的发展奠定了坚实的基础。

2.1.5 我国组建国际航交所的实践机遇

国内航交所发展经验为国际航交所建设提供了宝贵启示和借鉴。为培养和发展中国航运市场，通过市场服务和规范管理引导我国航运业健康发展，配合上海国际航运中心的建设，1996 年交通部和上海市政府共同组建了全国唯一的国家级航运交易所——上海航运交易所（简称上海航交所）。随后上海航交所加快开发航运运价指数及其衍生品，这为中国发展航运金融衍生品指明了方向。2010 年 11 月上海航交所联合上海虹口区国有资产经营有限公司、金石投资有限公司等设立上海航运运价交易有限公司，搭建运价衍生品交易平台。中国航运交易开始从"初级时代"向"航运金融衍生品时代"转变。

2010 年之后，宁波、广州等地建设地方性航交所如雨后春笋般发展起来，为我国国际航交所建设提供了丰富的经验借鉴。例如，在发展模式、业务产品、风险控制措施、航运指数编制、市场培育等各个方面，提供了一系列的经验教训。另外，国际航交所还面临着一个非常难得的机遇，即现有航交所的业务范围广、品种多。从运费交易、船舶交易、指数编制、航运金融衍生品等业务众多，模式多样，聚焦某一领域做深做透的航交所还不是很多，也导致其发挥的作用也不是很明显。国际航交所完全可以充分借鉴，探索形成一条中国特色、适合自身发展的最优路径，最终实现国家"一带一路"倡议、"交通强国"和"海运强国"战略布局目标。

2.2 我国组建国际航交所的挑战

2.2.1 我国组建国际航交所的内部挑战

1. 我国航运资源和要素集聚水平不高，港航生态圈发展尚不成熟

很多国际化大港都将航运要素集聚作为港航服务业发展的必经之路。航运要素集聚在促进产业协同发展，形成有效的分工体系，降低人工、技术及运输成本等方面发挥重要作用。目前，我国航运要素集聚效应和辐射能力、港航服务层次都有待提升。港航服务企业机构大多是本地企业，有国际、国内影响力的航运服务机构较少，业务范围也大多局限在国内，辐射能力非常有限。目前，我国港航服务仍然集中在港口装卸、仓储、简单加工、代理服务等基础服务层，虽然在船舶供应、维修、船舶检验、航运交易等辅助服务已经初具规模，但整体发展仍然较为滞后，同时，航运金融、保险、法律咨询、信息服务等高层次航运服务业发展尚不成熟。整体上看，港航服务业附加值较低、能级不够、发展动力不足。而打造国际航运交易平台，基础航运产业的支撑十分关键，较为薄弱的航运实力有可能会限制国际航交所的进一步扩展。

2. 国内已形成以上海航交所为主，沿海沿江航交所为辅的发展格局

近年来，我国航交所建设如火如荼，上海、宁波、广州、武汉、重庆等地航交所（或具有航交所功能的机构）相继成立，形成了以上海航交所为主，沿海沿江航交所为辅的发展格局。各地航交所（机构）都注意结合所在港口城市或区域的比较优势，突出各自特色，稳

中求进。这就决定了今后国际航交所建设的方向和路径选择都不能盲目地模仿我国其他的几个航交所，必须因地制宜、实事求是地采取探索和实践并济的发展方式。

特别值得注意的是，2019年上海期货交易所与上海航交所在上海签署战略合作框架协议，成立联合工作组，共同推动集装箱运价指数期货开发，同时加强信息沟通和交流，合作进行成果推广与市场培育，共同促进航运市场健康发展。因此，国际航交所建设要紧抓自身区位与政策优势，探索创新之路，实现换道超车。

2.2.2 我国组建国际航交所的外部挑战

国外成熟航交所占据优势地位、具有较强的行业影响力。组建国际航交所建设首要面临的就是境外大型期货交易所和航交所的竞争。从图2-5～图2-10可以看出，国际上大型期货交易所都纷纷推出了以干散货和油轮为主的航运衍生品，如新加坡证券交易所（Singapore Exchange Limited，SGX，简称新交所）、纳斯达克证券交易所（National Association of Securities Dealers Automated Quotation，NASDAQ）、欧洲能源交易所（European Energy Exchange，EEX）、芝加哥商品交易所（Chicago Mercantile Exchange，CME）和伦敦商品交易所（London Commodity Exchange，LCE）等，而且锚定的标的指数以波罗的海航运交易所（简称波罗的海航交所）和普氏能源资讯航运指数（简称普氏指数）为主。因此，在这种背景下，建设国际航交所需要应对国外成熟期货交易所和航交所在指数编制、标的衍生品开发等领域全方位的挑战。特别要指出的是，新交所利用其港口优势，必将对我国组建国际航交所建设施加很大压力。我国国际航交所必须走创新、差异化道路才是应有之义。

全球航运衍生品共有51个，涵盖干散货运价、油品运价、集装箱运价、船用燃料油等，而我国仅有2个，伦敦、新加坡、纽约等占据核心位置。2019年以来，上海期货交易所和大连商品交易所都在积极

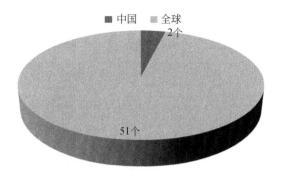

图 2-5 全球航运衍生品数量（截至 2021 年 6 月末）

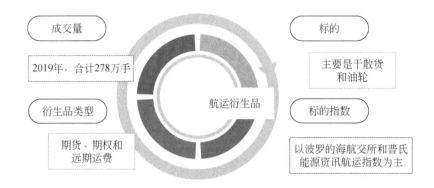

图 2-6 境外交易所主要航运衍生品基本情况

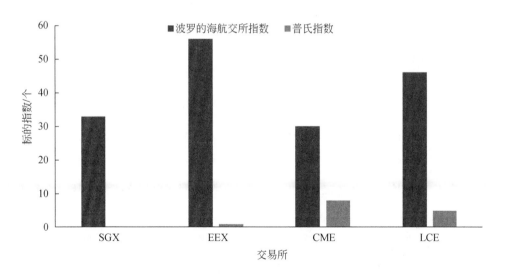

图 2-7 境外交易所主要航运衍生品标的（截至 2022 年 4 月）

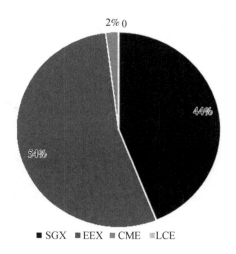

图 2-8　境外交易所主要航运衍生品成交量占比（截至 2021 年）

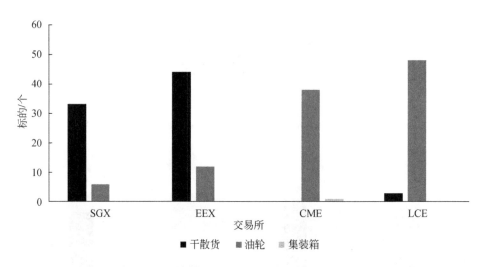

图 2-9　境外交易所主要航运衍生品标的（截至 2022 年 4 月）

开发集装箱运价指数与运力期货，但大连商品交易所还需要抓紧推出集装箱运力期货，争取占领航运衍生品市场制高点。

　　除此之外，国际航交所还面临着新型航交所的挑战，如近年来兴起的纽约航运交易所（New York Shipping Exchange，NYSHEX，简称纽约航交所）等新型航交所利用新兴技术为全球航运业提供数字化货运

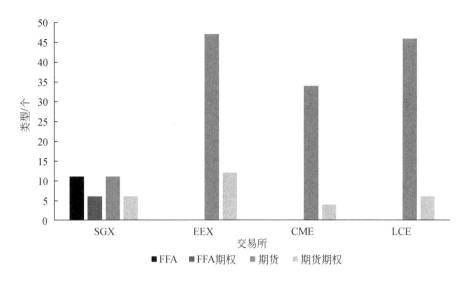

图 2-10　境外交易所主要航运衍生品类型（截至 2022 年 4 月）

能力，为业界提供新的标准化数字货运合同，这些新型航交所通过推进航运数字化、信息化，对航交所的发展模式、业务形态等提出新的挑战。

第 3 章　国内外航交所发展经验和借鉴

3.1　传统航交所

自由贸易港与港航业相伴而生、相向而行。从国外自由贸易港发展历史来看，自由贸易港必然包含由发达的航运市场、充沛的物流及众多的航线、班轮、船舶汇集的国际航运和贸易枢纽以及衍生的高端航运金融市场；高度发达的港航业以及衍生航运金融必然显著促进自由贸易港的建设与发展。

3.1.1　波罗的海航交所

1. 波罗的海航交所历史简介

1744 年，世界上第一个航交所——波罗的海航交所（Baltic Exchange）成立。成立之初主要从事来自波罗的海诸国的海运货物贸易，货物包括动物油脂、石油、粮食、纺织品等。1935 年，波罗的海交易所作为货物交易市场的功能终结，演变成了一个全球海运交易市场。第二次世界大战期间，波罗的海航交所业务完全中止，直到战争结束。1952 年，政府部门放松了对船运市场的控制，波罗的海交易所的会员重新聚集起来，规模也不断扩大。

1985 年初，波罗的海航交所编制了全球首个航运运价指数——波罗的海运价指数（Baltic freightos index，BFI）。同年，波罗的海交易所推出了世界上第一个货运运费指数期货市场，目的是减少运费波动给船东和租船人带来的风险。1988 年，波罗的海交易所将货运指数期货交易业务全部划归"波罗的海期货协会"（Baltic Futures Association）。1999 年，国际 BDI 取代了 BFI。从此，波罗的海航交所完成了从航运交易市场向航运交易信息提供者的重大转变。现在，波罗的海航交所被公认为全球航运交易信息的最大独立来源，被船舶经纪人、船东和经营者、贸易商、融资人和租船人用作于获取或佐证干散货、油轮、天然气、集装箱和空运市场的可靠与独立的观点。

2007 年 4 月，波罗的海航交所在新加坡设立了第一个海外办事处。2011 年 4 月，波罗的海航交所在上海浦东启动了全球航运运价衍生品中央交易系统。随后，波罗的海航交所先后在新加坡、上海、雅典、斯坦福德和休斯敦设有地区办事处。由于能够较为准确地反映即期市场和远期市场的运价（租金）水平与走势，已逐步成为船东、租船人、经纪人等航运交易商用以观察市场变化并防止在市场剧烈变化时造成损失的主要指导工具。

2016 年 11 月，波罗的海航交所被新交所以 1.14 亿美元的价格全资收购。

2. 波罗的海航交所组织形式

波罗的海航交所成立之初至今一直实行的是会员制。最初会员 23 个，涵盖批发商、动物油脂零售商、肥皂制造商以及一些经纪人。1857 年，波罗的海航交所改成波罗的海有限公司（The Baltic Company Ltd.），注册资本为 2 万英镑，第一批股东为原有全体成员。总股份52 000份，其成员必须持有股份，加入会员要至少购买 10 股，从原股东手中转让，但海外会员可以不购买股份。到 1859 年时，波罗的海有限公司的会员已经超过 700 家。1971 年，波罗的海航交所重新起草了有关会员资格的规章制度。制度规定，一家公司若想成为会员，必须有足够的资金，大部分的成员作为有限公司的代表在波罗的海航交所进行交易。会员分为个人会员和公司会员。个人会员必须是英国公民或在英国至少连续居住五年的外国人。会员在航交所进行业务活动除了缴纳会费外不征收其他费用。截至 2021 年底,大约有 656 家公司会员和 2000 个个人会员,会员来自 50 多个国家,所谓个人会员实际上只是代表公司会员的被委托人,包括船舶经纪人、船东、货主、航运衍生品交易公司、金融机构、海事律师、教育工作者、保险公司和相关协会组织等。

波罗的海航交所是股份有限公司,设主席和副主席各一人。波罗的海航交所实行董事会制,下设董事会,董事会席位有 12~15 个,其中三个席位由非股东会员选举产生,下设会员部、财务部和市场部,董事会主席由董事会任命。截至 2021 年底,波罗的海航交所雇员为 20人左右,其中 5 人负责编制运价指数,数据由指数编制委员会会员公司提供,提供数据的会员公司享受一定的会费优惠。

波罗的海航交所主要收入来源是会费,不同会员的会费每年从几百到上万英镑不等。波罗的海航交所 2008 财政年度的收入是 840 万英镑。其次是投资收益(房产出租收益)、航运交易收益和航运信息服务收入等。此外,波罗的海航交所还提供会场出租、职业培训(与剑桥大学和卡斯商学院合作)、商业纠纷调解、专家鉴证、航运职业介绍等收费服务项目。

波罗的海航交所是珍视传统和与时俱进完美结合的典范,至今已成立 278 年,并始终保持在世界航运市场的领先地位。270 多年来,波罗的海航交所的主体始终是航运经纪人。如果说波罗的海航交所是伦敦成为国际航运中心的一个重要阵地,那么支撑这个阵地的正是为数众多、有专业特长和操守的航运经纪人会员。但是对于波罗的海航交所而言,会员股东过于分散,在重大决策方面形成很难统一意见。同时各会员基本上是各个大大小小的公司,波罗的海航交所开展的业务如果对其会员公司造成利益冲突,将会被会员公司毫不犹豫地抵制。例如,2011 年波罗的海航交所启动远期运费协议(forward freight agreement,FFA)的中央电子交易系统 BALTEX,但航运经纪人会员出于自身利益的抵制,阻碍了 FFA 走向电子化交易的进程。

3. 波罗的海航交所主要功能

（1）航运指数编制

1985 年初，波罗的海航交所成立了包括多家会员公司在内的指数编制委员会，负责计算 BFI。在每个交易日结束后，根据当日的成交情况，指数编制委员会会员公司在规定时间内将本公司当天每条航线的运价和日租金水平等资料报送至波罗的海航交所，波罗的海航交所再用加权平均法计算出各航线平均运价和平均日租金水平，再乘以换算系数，然后将各航线的分指数换算成一个综合指数。1999 年，BDI取代了 BFI，被视为航运市场乃至世界经济指标的 BDI，在每周 5 个交易日伦敦时间下午 1 时整提交。按照新计算方式，该指数不再以每程运费计算，而改以期租或日租金为依据。目前航运指数超过 50 项，其中涉及干散货运价的有 BDI、BCI、BPI、BSI、BHSI；涉及油轮和天然气运价的有 BDTI、BCTI 以及波罗的海液化石油气运价指数（Baltic liquefied petroleum gas index，BLPG 指数）。此外，波罗的海航交所还提供干散货海运市场租船成交记录、干散货市场报告以及指数期货运费信息（衍生产品）。现在该指数体系由其伦敦与新加坡办事处在欧洲和亚洲工作日汇编及发布，并遵守国际证监会组织（International Organization of Securities Commissions，IOSCO）金融基准原则（IOSCO PFBs）和欧盟基准法规（EU BMR）等国际公认的法规标准。

（2）搭建租船运输和船舶买卖市场

波罗的海航交所是最著名的国际性租船运输和船舶买卖市场。全球 40% 的干货运输合同和 50% 的油轮运输合同以及大量的新旧船舶买卖都在波罗的海航交所成交。其租船市场是国际租船市场中历史最悠久、情报和成交最多的，处于中心地位。此外，就船舶买卖市场而言，世界范围内，一半以上的新船和二手船是经由波罗的海航交所会员买卖的。

（3）干散货运费衍生品市场

波罗的海航交所自 1985 年 5 月 1 日推出基于 BFI 的期货合约，为航运衍生品市场搭建了平台。但是，波罗的海运价期货对于指数中特定航线的套期保值效率介于 4% ~ 19.2%，明显低于其他商品和金融市场中的套期保值效率 70% ~ 99% 的平均水平。由此也导致交易量不活跃、市场参与度低，2002 年 4 月终止上市。随后，波罗的海航交所在 1992 年推出 FFA。FFA 是在波罗的海一系列指数基础上发展起来的，逐渐取代了波罗的海国际航运期货交易。它使交易者能够套期保值，在即期锁定远期的运输价格，已成为航运机构、大宗商品交易机构和金融机构最重要的运价风险管理工具。至今，波罗的海航交所为 FFA 交易、清算等提供基础性服务。

（4）解决航运争议

波罗的海航交所和伦敦海事仲裁员协会（London Maritime Arbitrators Association，LMAA）的成员均可参与调解航运和大宗商品相关的纠纷。按照《伦敦海事仲裁员协会–波罗的海规则 2009》规定，其提供的调解服务可以采用一种灵活的方式解决争议，从而替代仲裁与诉讼。

（5）提供课程培训

波罗的海航交所开展一系列航运课程和专题讨论会。波罗的海航交所面向船舶经纪人、船东、航运基金投资者、承租人商品和能源贸易商、银行家、船舶管理者、货代、航运主管、理赔管理人员、海事律师及其他工作岗位人员开设。课程能够让培训者通过讲座和研讨会在短期内较快地提高自己的专业知识与实践能力，从而提高航运业务水平。实务系列课程均在伦敦开设，多与剑桥大学共同开展，主要涉及租船运输和运费衍生品贸易两方面。此外，在全世界范围内还开设了运费衍生品、航运风险管理课程、先进的航运模拟实验课程和贸易课程。

4. 波罗的海航交所的优势

波罗的海航交所的成功主要因其具备三大优势。一是波罗的海航交所地理位置。伦敦作为航运金融衍生品发源地，历史悠久，影响范围广。伦敦拥有良好的人文历史条件、悠久的贸易和航海的传统与文化、众多优秀的海事人才等。从港口看，现在的伦敦已无世界级港口的功能和条件，但仍具有交易市场、保险服务、航运信息服务、海事服务、海事研究与交流、海事监管等功能，保持着全球国际航运中心的核心地位。作为世界航运产业中心城市，伦敦汇聚了世界范围内的航运物流、信息流、资金流，为波罗的海航交所的发展壮大提供了坚实基础。二是波罗的海航交所的组织形式。波罗的海航交所具有成熟的会员制度，其绝大多数的会员也是该所的股东。所有会员在章程和行为守则的约束下在世界各地从事航运交易，会员可以通过公开途径及时获得与其交易的对方会员的身份和具体权限。通过对交易对象的限制，基本保证了波罗的海航交所内进行的交易都是在会员之间进行，保证了交易的诚信、透明、信息公正，真正做到了服务市场、引导市场。三是波罗的海航交所的创新能力。波罗的海航交所已有 200 多年的历史，其主要产品也在不断演变创新以符合航运市场的真正需求。目前波罗的海航交所的主要业务机构是航运市场信息部门（负责指数发布）、会员管理部门以及纠纷解决机构。波罗的海航交所已经演变成一个专门的航运市场研究机构、金融衍生品交易机构和会员中心，是一个不断创新服务功能，实现要素集聚和资源最大化配置，并在资源配置中实现各种要素利益增值的机构。波罗的海航交所的创新能力使其不断开发出真正符合市场需求的航运产品，从而不断扩大其在世界范围的影响力，也正是因为其创新能力，波罗的海航交所成为目前世界上最权威的航运交易所。

3.1.2 新加坡证券交易所

1. 新加坡证券交易所历史简介

新交所是亚太地区首家集证券及金融衍生产品交易于一体的企业股份制化交易所。2000 年 11 月成为亚太地区首家通过公开募股和私募配售方式上市的交易所。

2016 年底收购波罗的海航交所之后，新交所对原有波罗的海欧洲船东为主的会员与自身亚洲船东为主的会员进行资源整合，进一步提升新交所在全球航运市场的影响力。同时，开发新的航运指数，并与亚洲航运业者展开更紧密合作、扩大 FFA 的用户池，巩固和提升新加坡作为全球航运枢纽的地位。

2. 主要航运金融业务

（1）海运大宗商品衍生品

一直以来，新交所致力于打造大宗商品及其产业链相关期货期权衍生品全球性市场和树立全球大宗商品定价权，目前已经形成了燃料油、铁矿石、液化天然气（liquefied natural gas，LNG）、焦煤、干散货运价等大宗商品金融衍生品谱系。2009 年，新交所亚洲结算行同铁矿石行业合作推出了世界首例场外交易的铁矿石掉期结算服务。2010 年，又推出了印度尼西亚炼焦煤掉期产品。新交所推出铁矿石掉期产品后，很长一段时间内其交易量占全球铁矿石掉期交易量的 90% 以上，尽管近年来这一比例有所下降，但新交所仍在全球铁矿石掉期市场上占重要地位。

新交所也在积极研发干散货运价金融衍生品，将其作为大宗商品重点研发产品，开发了场内交易的干散货运输（好望角型船、巴拿马型船）航线掉期/期货合约、干散货定期租船（好望角型船、巴拿马型船、超大灵便型船、灵便型船）"一篮子"掉期/期货合约以及对应的期权合约。新交所和波罗的海航交所在运价衍生品市场上作为合作伙伴共同协作已经 10 多年，与波罗的海航交所一起占领了干散货运价金融衍生品市场。2016 年，新交所收购波罗的海航交所后，进一步提升了自身航运金融衍生品的业务实力，开发了新的指数，与亚洲航运业者展开更紧密合作，扩大了新加坡航交所的事业版图。

（2）FFA 清算交易

新交所与波罗的海航交所的强强联合让新交所更加深入航运金融

市场，扩大 FFA 的用户池，提升新加坡作为财富管理和航运枢纽的地位。

（3）航运衍生品交易

新交所拥有基于先进技术的综合性的衍生品清算及抵押品管理系统 Titan 平台，其中包括 Titan 交易平台、场外交易注册平台和清算与抵押品管理平台，图 3-1 为交易参与方接入新交所 Titan 衍生品清算与抵押品管理平台的交易途径。新交所通过亚洲各大市场、各种货币和商品的创新衍生产品，建立起一个高性能的衍生产品平台，以满足日益增长的新交所股票指数、外汇和商品衍生产品的需求。Titan 为中国、印度、日本、东盟的基准股票指数及行业领先的铁矿石和橡胶交易提供了坚实的基础，以满足全球流动性最强的离岸市场日益增长的市场流动性需求。Titan 能支持更多的产品、更多的参与方和更大的交易量，同时结合清算与抵押品管理平台更强的清算能力，满足对亚洲市场日益增长的需求。与此同时，Titan 具有精简性、低延迟连接性及交易所风险控制和全球可访问性等特点。

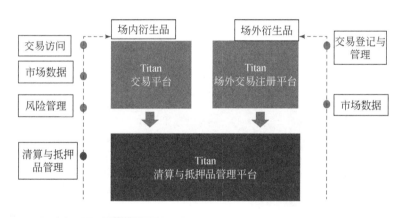

图 3-1　新交所 Titan 交易平台系统

Titan 交易和清算与抵押品管理两个子平台提供了交易和清算活动的全面实时视图，可以延长交易时间、加强风险控制和系统保障，以帮助市场参与者全天候管理其交易和清算头寸，可以为清算会员提供实时交易和头寸管理、保证金计算和模拟以及抵押品管理等服务。

　　Titan 场外交易注册平台是商品、股票、外汇和利率产品（不包括场外金融产品）的注册平台。该平台具备广泛的功能，支持全面的场外交易工作流程，并提供丰富的用户体验。Titan 场外交易注册平台适合广泛的用户群体，将清算会员、经纪人和客户集中在单一平台上。清算会员和经纪人可代表其客户注册交易，客户也可申请直接访问平台查看其交易。具有平台访问权限的客户也可向其清算会员申请注册交易的许可。基于 Titan 场外交易注册平台，新交所开发了 Titan 场外交易注册 PRO 平台，是一个最先进的经纪人辅助场外订单管理和信息平台，旨在简化场外工作流程，并通过全面的审计跟踪促进市场信息传播。图 3-2 为 Titan 场外交易注册 PRO 平台的参与流程与后台。

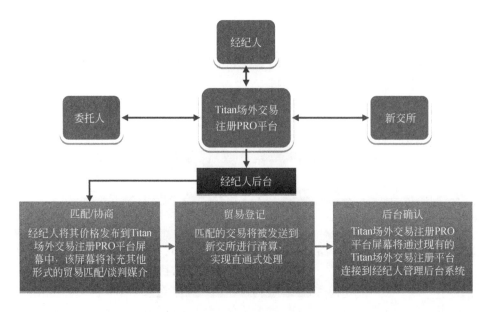

图 3-2　Titan 场外交易注册 PRO 平台的参与流程与后台

3. 新加坡证券交易所的优势

　　一直以来，掌握航运就掌握了经济命脉，航运业是新加坡的关键产业，也是其经济发展的基石。新交所的优势：一是地理位置优势明显，地处马六甲海峡东口，处在太平洋与印度洋的航运要道上，扼守"十字路口"的交通"咽喉"，是全球著名的中转中心。新加坡拥有全球第二的集装箱港口，有超过130家国际航运集团将总部设立在这里，新加坡将航运资源汇集，实现了实体船运和海事服务的双重优势。二是新加坡政府的支持力度，新交所是亚太地区首家集证券及金融衍生产品交易于一体的企业股份制交易所，肩负着新加坡政府对航运金融中心建设的重担。这项交易旨在增强其衍生品交易业务在船舶经纪人和大宗商品贸易商中的信任度，这与该交易所为大宗商品市场开发出亚洲定价基准的战略是相符合的。新加坡政府大力支持新交所收购波罗的海航交所，波罗的海航运指数业务也大大增强了新交所的衍生品业务，能够进一步推进新加坡成为全球航运金融中心。新交所拥有良好的天然条件，有来自政府的支持，也有开放与高效的市场化运作，在航运衍生品和清算市场领域占据领先地位，其与波罗的海航交所的强强联合更能帮助新加坡巩固国际航运中心的领先地位。

3.1.3　欧洲能源交易所

1. EEX 集团历史简介

EEX 是于 2002 年由位于法兰克福和莱比锡的两家德国电力交易所在合并基础上成立的一家交易所，由最初单纯的电力交易所逐步发展成在欧洲具有一定影响力的国际化交易所集团，其交易的产品涉及能源、环境、工业金属、农产品以及货运五大领域共计 15 个品种。EEX 集团有 441 个直接交易会员，涉及 34 个国家，其中 30 个来自欧洲之外的其他国家，包括美国、加拿大、韩国、新加坡等。目前，EEX 集团在欧洲及美国、亚洲新加坡共设有 16 个办事处和 542 名雇员，总部位于德国东部的莱比锡。

EEX 集团由 EEX、欧洲电力现货交易所（European Power

Exchange，EPEXSPOT）、EPEX Nodal 交易所、欧洲商品清算所
（European Commodity Clearing，ECC）等组成。EEX 集团各交易所专门
针对不同的市场，为客户提供量身定制的交易产品和解决方案，为各
市场交易者提供市场接入服务。EEX 集团最重要的业务在电力与天然
气的现货和衍生品市场，其业务收入的80%来源于该领域。

2. EEX 集团在全球的航运衍生品交易

2016 年底，EEX 组建了全球商品研发团队，并启动了其全球商品
业务，以支持和使客户能够通过 EEX 及其新加坡分支机构 EEX Asia
从全球角度进行贸易和清算更广泛的产品组合。2020 年，EEX 的航运
衍生品高速发展，成为全球干散货衍生品交易规模第一大交易所，获
得了全球航运衍生品市场一半以上的份额（图 3-3）。EEX 欧洲总部和
新加坡分支机构 EEX Asia 都可以交易运价衍生品。

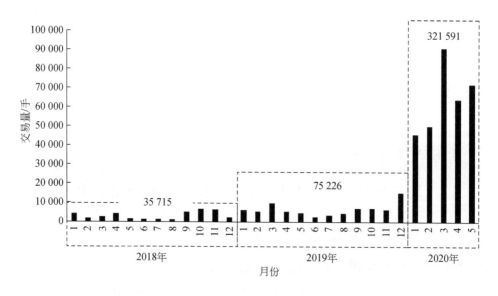

图 3-3　2018 年 1 月～2020 年 5 月 EEX 航运衍生品交易量

3.1.4 日本航交所

1. 日本航交所历史简介

日本航交所又称日本海运集会所，其成立可以追溯到第一次世界大战后的神户海运集会所。日本的海运业参考了波罗的海航运交易所的模式，为日本提供了适合其国内商务会议的场所和设施，并收集最新、准确的资料，有力地促进了日本海运业的发展。

此后，日本航交所的功能虽然没有得到发展，但经营仲裁、合同格式、报道、出版等事业却发展壮大了起来，之后该所将总部迁至东京。1933年11月，该所成为不偏向任何行业的中立公益法人，名称也改为日本海运集会所。2013年4月，从社团法人改变为普通社团法人，延续至今。

2. 主要业务和功能

日本航交所在经过近百年的业务发展后，依靠法律服务方面的优势在航运交易市场占有一席之地，以下整理了该所较为核心的7项业务内容。

一是咨询和材料提供服务。主要包括合同条款以及实际业务惯例的解释，争议处理方法的咨询，法院案件，海事数据以及其他各种材料和信息的解释。二是提供争议仲裁、和解调解、海上救援奖励金调解服务，主要适用于当事人之间无法通过对话解决纷争之时。双方都由当事人挑选的与争议无关的第三方作为仲裁者、调解人、介绍人来解决问题。特别是仲裁各种船舶租赁合同、船舶买卖合同、造船合同、提单、船舶管理合同、船舶金融等，只要是与海事有关系的合同或船舶冲突引起的纠纷，都由第三方作为仲裁者来解决。这是因为担任仲裁者的人精通业界事务，能够在较短的时间内解决争端。三是提供船价鉴定以及事项证明业务。该所船价鉴定业务主要包括船舶的买卖、资产评估、碰撞损失金额的计算、海难救济费的计算、共同海损的核算等，它们是重要的资料，需要一份合适的船价鉴定书。特别是解除共有船的共有或转让给子公司的所有船的情况下，如果有集会所的船价鉴定书，就会对税务当局的调查有很大的帮助。船价是综合考虑国内外的市场行情、营利性、物理价值等因素后决定的。该所事项证明业务主要包括关于合同书条款的解释和业界的惯例等，将第三者的公平意见等做成鉴定书和证明书。四是提供制定和销售标准合同格式服务。该所建立并采用了 53 种标准租船合同、提货单、船舶销售合同等，并将其用于贸易目的。五是定期刊物的发行。定期发行月刊《海运》，主要针对以海运为首的造船、保险等时常问题。定期发行季刊《海事法研究会志》，主要登载与海事法和仲裁法有关的论文、仲裁裁断、判决、新格式的介绍等。定期发行年刊《日本船只明细表》，主要统计当年日本船只的明细，共分为三部，几乎包含了全部类型的船只。另外，还发行一些辅助公司发展的其他刊物。六是提供日本海事信息服务。该所主要通过数据提供新造船、二手船、海外卖船等船舶信息、海事相关业者等公司信息。七是系统开发，海事相关调查业务的受托。该所拥有船舶经费调查系统，经营者管理系统，并提供关于船舶的问卷调查等服务。

3. 日本航交所优势

日本航交所在国际海运交易上也有一定的影响力，尤其是在法律服务方面。日本海运集会所推出各类航运合同，推动国际海事仲裁。该所长期制定各类合同来规范航运活动，为航运公司提供方便。在所有航运合同范本中都订有在日本东京海事仲裁委员会仲裁的标准仲裁条款，这有力地推动了日本海事仲裁的发展，不仅在解决日本航运争议纠纷中起到了良好的保障作用，还提高了日本海事仲裁在国际航运界的知名度。

日本航交所在 2013 年由社会法人改为普通法人性质，几十年来为企业竭诚服务，赢得了海内外航运界的高度评价，也创建了自身的品牌。该所将国际上最先进的海运合同文本引用到本国，形成有特色、有权威的航运文件，对日本航运的软环境改善起到特殊的作用。该所作为航运企业的协会组织，不仅为会员提供航运交易的场所和渠道，而且还想会员之所想，制定了大量的含有仲裁条款的适用于各种交易的航运合同，使会员的航运洽谈签约更为方便，并且规范了航运行为，减少了争议的发生。

3.1.5　上海航交所

1. 上海航交所历史简介

1996 年 11 月，交通部和上海市人民政府共同组建地方性质的上海航交所。上海航交所属于副厅级事业法人单位，企业化经营，开办资金为 1900 万元，其中，上海市人民政府认缴金额 1400 万元，占比 73.68%，交通部认缴金额 500 万元，占比 26.32%。上海航交所是我国政府为了培育和发展中国航运市场、配合上海国际航运中心建设所采取的重大举措，是上海国际航运中心建设的一项标志性工程。

上海航交所成立以来，围绕"维护航运市场公平、规范航运交易行为、沟通航运动态信息"三大基本功能，夯实运价备案中心、航运交易中心、航运指数发布中心、资信评估中心、航运信息中心和口岸航运服务中心"六大中心"建设，创新航运综合交易服务平台，加快上海国际航运中心建设步伐，产生了广泛的社会、经济效益，对规范我国航运市场、维护航运交易秩序、促进航运市场的健康发展起到了积极的推动作用。目前，上海航交所的收入来源主要为投资收益、船舶交易和会费收入等。

截至 2021 年底，上海航交所实行理事会领导下的总裁负责制，下设交易部、信息部、技术部、结算部、市场部和总裁办六个部门，事业编制 80 人。上海航交所还投资了上海航华国际船务代理有限公司、上海船舶保险公估有限责任公司、上海航运运价交易有限公司、上海经纬航运经纪有限责任公司、上海航交信息技术咨询有限责任公司、上海航联报关有限责任公司等。

2. 主要功能

上海航交所遵循"公开、公平、公正"的原则，并以规范的市场服务和管理，为全国航运市场的发展和发育发挥示范引导作用。其基本功能包括规范航运市场行为、调节航运市场价格、沟通航运市场信息等，并相应构建了航运信息研究平台、航运资信评估体系、船舶交易鉴证中心、口岸航运服务中心等服务平台，开展了航运信息加工与发布、航运公约的宣传与推广、航运政策的研究与建议、航运业务的沟通与交流、航运交易的经纪与鉴证、航运实务的咨询与代理、航运文本的制定与示范、航运市场的规范与服务等业务。

（1）航运指数编制

上海航交所首要职能是编制我国航运指数。1998 年，上海航交所首次发布了中国出口集装箱运价指数（China containerized freight index，CCFI），目前已形成包括 CCFI、上海出口集装箱运价指数（Shanghai containerized freight index，SCFI）、中国沿海散货运价指数（CBFI）、中国沿海煤炭运价指数（CBCFI）等在内的一系列指数，已成为全球较有影响力的航运指数。2010 年，上海航交所推出上海船舶价格指数（SPI），指数体系目前包含 5 个综合指数，分别为 SPI、BPI、国际油轮船价综合指数（TPI）、沿海散货船价综合指数（CBPI）、内河散货船价综合指数（IBPI），反映了国内外远洋、沿海和内河航区的典型船舶成交价格水平以及波动情况。上海航交所航运指数的推出，不仅是地区航运市场的"晴雨表"，而且发挥了"价格发现"的作用，对发挥上海国际航运中心资源配置功能和信息中心功能具有重大意义。

2017 年 7 月，上海航交所正式对外发布了"一带一路"航贸指数。该指数由"一带一路"贸易额指数、"一带一路"货运量指数、"海上丝绸之路"运价指数三大类指数组成。2019 年 11 月，为帮助航运、港口等航运产业链上的相关企业提升精细服务质量，帮助货主企业选择自己中意的服务商，推出了全球集装箱班轮准班率指数（GCSPI），包括全球主干航线准班率、全球主要班轮公司与联盟准班率、全球主要班轮公司与联盟分航线准班率和全球主要港口班轮准班率。

（2）内贸船舶买卖

上海航交所和中国船东协会联合编制并推出"二手船买卖标准合同"。该合同共 14 条，基本上覆盖了船舶买卖市场的所有问题。该合同是在国际通行的二手船买卖合同 1993 年挪威格式（Memorandum of Agreement Norwegian Sale Form 1993）的框架上，结合"买者自慎"的原则编制而成。因此，与"挪威 93 版本"比较注重买方利益不同，该合同更注重兼顾买卖双方的利益。例如，在船舶水下检验和船款支付方面的约定比现在国际通行的二手船买卖合同的约定更为详细。在船款支付条款方面，认为"订金"的方式相比"定金"更符合二手船买卖市场的实际，而增加船舶水下检验条款，能够避免船舶实际交割后出现的纠纷。

（3）中国出口集装箱运价报备

上海航交所是交通运输部指定的全国运价备案受理机构，承担了全国各口岸国际集装箱班轮企业、无船承运业务经营者、台湾海峡两岸间集装箱班轮运输企业和国内水路班轮运输企业的运价备案受理工作。

现行的上海航交所备案系统除提供页面进行访问外，还提供文件传输协议（File Transfer Protocol，FTP）方式的自动备案平台服务。平台对所涉备案报文格式及相应回执以 XML 格式进行重新定义，并对相应的处理流程进行调整。通过 FTP+XML 方式，运价备案义务人可以方便地将自身业务系统和备案工作系统实现对接，在无需人工干预的情况下完成备案工作，大幅提高运价备案工作效率，节省工作时间，降低人工操作带来的人力资源占用，降低相关费用。

（4）集装箱运价指数期货交易服务

相对于国外航运金融衍生品市场，国内航运衍生品市场发展起步更晚。2010 年 11 月，上海航交所发起设立上海航运运价交易有限公司。2011 年 6 月，上海航交所通过上海航运运价交易有限公司推出

SCFI 衍生品交易，并顺应国际航运衍生品发展趋势，采用公开、公平、透明的电子集中交易方式，随后短短几个月，集装箱运价衍生品交易量约 180 万手，交易额超过 150 亿元。基于 SCFI 的中远期运价衍生品交易被推出，成为全球第一个真正意义的集装箱运价衍生品交易品种。后来，陆续推出了中国沿海煤炭、国际干散货两大航运运价交易品种，覆盖了航运市场主要货种及航线，为我国航运企业控制船运风险创造了条件。

2011 年底，国务院发布《国务院关于清理整顿各类交易场所切实防范金融风险的决定》（国发〔2011〕38 号），指出"除依法设立的证券交易所或国务院批准的从事金融产品交易的交易场所外，任何交易场所均不得将任何权益拆分为均等份额公开发行，不得采取集中竞价、做市商等集中交易方式进行交易"，至 2013 年底完成清理整顿，上海航运金融衍生品市场交易模式改为非连续性协议场外交易模式，使得市场规模的扩大、市场功能的发挥受到了极大限制。

（5）通关服务

作为建设上海国际航运中心的配套工程，上海航交所首创上海国际航运服务中心。该平台把港、航、货、代、"一关三检"、金融、保险、法律、仲裁等单位引入服务中心，通过集中办公的模式，协调口岸通关工作，加强了"一关三检"各部门的联系和沟通，强化了综合组织和协调工作，提高了通关效率和服务质量，为进出口贸易商提供了一条龙配套服务，充分体现了服务中心"集中、便利、经济、高效"的宗旨。目前入驻服务中心的除入驻机构外，另有 100 余家航交所的会员单位也入驻办公，航交所"一门式"通关平台已实现"5+2"全天候服务。

近年来，上海航交所新推出口岸电子数据交换（electronic data interchange，EDI）报关服务，该服务是航交所为入驻上海国际航运服务中心的企业提供海关进出口申报专线网络服务。通过专有光纤线路直接与海关网络进行互联。该服务能为用户提供高效的申报数据传输，切实保障报关业务顺利和可靠地开展。上海航交所同时面向上海国际航运服务中心提供全天候的口岸信息服务技术支持，为入驻企业用户信息系统的安全运营保驾护航。

（6）航运市场信息分析服务

上海航交所成立之初就肩负着"沟通航运市场信息"这一基本职能，日常工作中也通过不同渠道获取相应的航运信息并予以分析、加工利用。随着大数据技术的兴起，上海航交所利用现代化的技术手段，通过互联网获取航运市场运量、运价、运力等海量数据信息，结合大数据技术，对海量信息进行分析处理，为航运业务的发展提供丰富数据分析的航运基础数据库系统。

另外，上海航交所自成立以来每年编制《中国航运发展报告》《航运业薪酬福利调研报告》等，提出了很多有价值的政策意见和决策参考，部分已经上升为国家相关政策。同时，为规范航运企业经营，上海航交所研发了资信评估指标体系，并开发了资信评估网络系统，配套的"信用等级评定标准"经上海市征信管理办公室备案。

3. 上海航交所的优势

上海航交所于 2002 年启动航运及其辅助业资质信誉评估工作。十多年来，共有 4000 余家在上海口岸从事航运及其辅助业经营活动的企业参加资信评估，并建立了资信档案，在上海地区基本实现全覆盖。此外，上海航交所还积极服务于交通运输部主管部门，推进全国船舶交易市场诚信评估体系工作。上海航交所会不定期举办航运沙龙、政策宣贯讲座、业务培训等活动，提供航运保险代理业务，积极开展与国际航运业界的交流与沟通。上海航交所发展至今已经有相当的规模，其优势不仅在于与国外许多知名航运企业有合作关系，在国内与多家企业形成互补，如与上海期货交易所签署战略合作，而且还拥有十分完善的制度模式，加上自身不断发展的软实力，如今该所在世界范围内都具有相当的影响力。

目前为止，上海航交所还在不断地完善运价备案，建立全国运价备案监管中心；做强信息中心，发布更权威数据；拓展船舶交易平台，提供电子化交易；创新航运金融，试水国际性融租；拓宽资信评估，加强信用度管理，通过这五大方面提升航运服务能级。该所作为中国知名航运交易所，在地理区位和经济实力双重优势的加持下发展尤为迅速，并且有着十分鲜明的中国特色社会主义特征，上海航交所作为我国唯一一家国家级航运交易所，该所的发展历程对即将扬帆起航的海南国际航运交易所来说无疑是十分宝贵的历史经验，借鉴之处不仅能够帮助我国国际航运交易所在发展过程中少走弯路，减少损失，还能够让国际航运交易所在现有基础上进行研发创新，走出一条新路，为振兴中国海运经济、增强我国国际航运中心软实力做出贡献。

3.1.6 国内地方性航交所

近年来，我国国际航运中心建设得如火如荼，各地航交所（或具有航交所功能的机构）也相继成立，如重庆航交所、广州航交所、武汉航交所、宁波航交所、厦门航交所、青岛航交所等，这些航交所（机构）一般定位于服务本地区，但功能和业务内容大多以上海航交所为参照，从而在我国内陆形成以上海航交所为龙头，在沿海和沿江密集布点的多层次航运交易机构体系（表3-1）。

表3-1　国内航交所对比分析

项目	上海航交所	宁波航交所	广州航交所	重庆航交所
机构性质	自收自支事业法人	宁波市政府主导的国有控股公司	隶属广州港务局	重庆市交通委员会直属副厅级事业法人单位
提供服务	内贸船舶买卖；中国出口集装箱运价报备；通关服务；信息指数分析	交易资讯服务（与波罗的海航交所合作）；船舶交易鉴证服务/船舶评估；船舶进出口代理服务；船舶融资支持	船舶交易、船舶评估、航运运力交易、航运人才服务、临港大宗商品交易及航运金融衍生品交易等业务	

项目	上海航交所	宁波航交所	广州航交所	重庆航交所
功能定位	突出其作为全国性机构的功能，编制中国运价指数，重点打造全国性乃至全球性航运要素的信息中心、交易中心和定价中心	着眼于培育和完善宁波航运市场体系，提升宁波现代航运服务业发展水平	着力深化粤港澳国际航运战略合作，主动承接香港国际航运中心的辐射带动功能	立足重庆，服务长江，面向全国，沟通国际，与上海航交所功能互补
发展瓶颈	运价指数公司还未做大做强			

项目	厦门航交所	武汉航交所	青岛航交所	
机构性质		隶属于武汉市交通运输委员会，业务上归口武汉市物流局管理	企业法人	
提供服务	船舶买卖租赁、港口货物交易、航运人才交流、航运交易中介服务、航运交易信息披露	船舶交易及相关业务；港航运输交易等信息收集、更新和发布；提供政务咨询等服务；研究和发布区域港航运价格指数；研究行业动态，提出政策建议	发展船舶交易；国际航运研究与高端政策咨询	
功能定位	建设东南国际航运中心，致力于打造海峡西岸航运交易公共服务平台	侧重于研究和发布长江中游区域港航运输价格指数	大力发展现代航运服务业，提升港口软实力	
发展瓶颈				

各地航交所（机构）在管理体制上都进行了积极探索，如宁波航交所是国有控股公司，青岛国际航交所是企业法人。各地航交所（机构）大多对通关服务大胆进行业务流程再造，如通过实行"一站式""一条龙"服务加速通关；通过"属地申报、异地验收"方式方便企业；实行出口分类通关改革，对不同资信等级的企业采取不同的验收方式等。又如，上海航交所推出中国航运指数及其衍生品交易，开发了航运及辅助业资质信誉评估指标体系，完成了国内首次海运特许经营权的公开招标，规范了船舶买卖合同范本、船舶中介、验船、评估

及交易监理、代收代付船款等服务，建立了船舶交易全过程服务机制，打造了业内会展服务及高级培训的品牌等，这些创新举措对推动我国航运交易平台建设具有重要意义。

综观我国地方性航交所的建设，普遍具有以下特征。

一是政府高度重视。航交所（机构）作为所在港口城市建设国际航运中心的航运综合服务平台和标志性工程，在建设过程中得到政府的高度重视和支持。例如，1996 年，上海航交所是由国务院常务会议批准，在交通部和上海市人民政府直接领导下建立起来的，体现了我国建设航运强国的战略意图。宁波航交所作为宁波建设现代化国际港口城市的一个重要平台，其建设得到宁波市委、市政府的高度重视。厦门航交所则是东南国际航运中心建设及厦门"以港立市、以港兴市"战略的重点项目，厦门市政府在规划、建设、运行、管理、政策上给予了大力支持。

二是将"大通关"工程作为核心内容。各地航交所（机构）在初期建设阶段，都将"大通关"工程作为核心内容，通过整合各口岸部门资源，实行通关业务流程再造，提高了通关效率，缩短了业务办理时间，降低了各项制度成本与交易费用，提高了港口的综合竞争力和辐射能力，社会经济效益十分明显。

三是突出自身特色。各地航交所（机构）都注意结合所在港口城市或区域的比较优势，突出各自特色。例如，上海力求成为在全球范围内具有航运资源配置能力的国际航运中心，上海航交所则相应突出其作为全国性机构的功能，编制中国运价指数，重点打造全国性乃至全球性航运要素的信息中心、交易中心和定价中心。广州着眼于建设与香港错位发展的国际航运中心，广州航交所则迁址南沙区，着力深化粤港澳国际航运战略合作，主动承接香港国际航运中心的辐射带动功能，打造航运交易的"广州价格"。重庆着眼于建设长江上游航运中心，重庆航交所则将其功能定位为立足重庆，服务长江，面向全国，沟通国际，与上海航交所功能互补。武汉着眼于建设长江中游航运中心，武汉航交所则侧重于研究和发布区域港航运输价格指数。厦门着眼于建设东南国际航运中心，厦门航交所则致力于打造海峡西岸航运交易公共服务平台。宁波作为上海国际航运中心的有机组成部分，宁波航交所则着眼于培育和完善宁波航运市场体系，提升宁波现代航运服务业发展水平。青岛航交所则大力发展船舶交易、国际航运研究与高端政策咨询等现代航运服务业，助力提升青岛港口软实力。

四是突出管理创新与服务创新。各地航交所（机构）在管理体制上都进行积极探索，如上海航交所是自收自支事业法人，宁波航交所是国有控股公司，青岛航交所是企业法人。各地航交所（机构）大多对通关服务大胆进行业务流程再造，如通过实行"一站式""一条龙"服务加速通关；通过"属地申报、异地验收"方式方便企业；实行出口分类通关改革，对不同资信等级的企业采取不同的验收方式等。又如，上海航交所推出中国航运指数及其衍生品交易，开发了航运及辅助业资质信誉评估指标体系，完成了国内首次海运特许经营权的公开招标，规范船舶买卖合同范本、船舶中介、验船、评估及交易监理、代收代付船款等服务，建立了船舶交易全过程服务机制，打造了业内会展服务及高级培训的品牌等，这些创新举措都对推动我国航运交易平台建设具有重要意义。

3.2　新型航交所

近年来，随着区块链、物联网、人工智能等技术与航运业深度融合，数字化与海上运输行业的黏合性越来越大，全球航运业崛起了一批航运交易第三方互联网平台，典型的如国外的纽约航交所、Xeneta航交所以及国内的运力网等。这些第三方互联网平台具有明显的技术和交易优势，具备了类航交所的特征，是将来航交所融合发展的重大趋势之一。下面对当前典型的第三方航运互联网交易平台进行介绍。

3.2.1 纽约航交所

1. 纽约航交所简介

纽约航运市场汇集了美国、加拿大、阿根廷等国的大宗谷物出口商、美国煤炭出口商及世界各地的铁矿石出口商。纽约航交所成立于2015 年，虽然起步较晚，但其立足于纽约航运市场，本质上完全是航运电商平台的灵活发展思路，旨在为全球航运业提供数字化货运能力，为业界提供新的标准化数字货运合同。

纽约航交所为全球海洋运输行业里的托运人、货运代理商和承运商构建一个数字化货运平台，利用新的标准化数字货运合同，提供现货市场和运费波动替代方案。其价格数据的采集来自舱位交易平台，使其对市场的反应更快、更准，并对集装箱运输的服务标准化做出了规定。同时，还提供航运衍生品交易、专业航运保险代理和航运融资租赁等服务业务，为航运企业集装箱运输提供保值避险、价格发现的功能。因此，纽约航交所也是全球航运数字化产业链条中最重要的一个交易平台。

2. 纽约航交所组织模式

2017 年 3 月，纽约航交所获得 850 万美元融资，投资方包括高盛、通用电气风投等。随后，纽约航交所经过多轮融资得以迅速发展。当前，马士基、赫伯罗特、达飞、东方海外和中远海运都已经加入纽约航交所，这五家占全球运力的 52%。海运承运人成员代表了所有三大集装箱航运联盟：H+2M、OCEAN 和 THE。2019 年 12 月，ONE（Ocean Network Express）联盟正式加入纽约航交所。其航运电商平台汇集了各国航运运营商、第三方服务商、港口企业、贸易集团等 100余家托运人入驻，实现了整体服务环节的无缝对接，提升了航运资源整合效率。托运人对零会员费的模式非常认可，同时通过简单易用的数字框架，享受可靠的在线订舱服务。

纽约航交所从资本、运输和贸易三个方面深度嵌入航运业。在资本合作层面，不仅有风投基金和投资银行入股，还允许达飞、马士基、赫伯罗特等航运企业资本入股。在运输合作层面，与马士基、中远和东方海外等多家大型航运公司开展深度合作，不仅在业务层面达成战略协议，更与马士基合作开展线上航运服务技术的研发，与麻省理工学院运输与物流中心合作规划智慧物流方案。在贸易合作层面，与传统海上贸易大型公司（如嘉吉、摩恩和兰辛贸易集团等）进行深度对接，不断推动合作向纵深化发展，如图 3-4 所示。

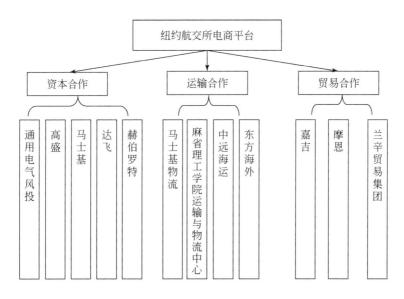

图 3-4　纽约航交所多方合作模式

3. 航运电商平台主要功能

纽约航交所自成立以来，始终定位为"航运界领先的数字平台"，与马士基等合力研发航运信息服务技术，旨在提升航运业整体的数字化水平。纽约航交所主要业务模式是能对集运订单进行数字化及可强制执行化的航运电商平台。从纽约航交所的官网上，客户可以查看班

轮公司的报价，托运人和无船承运人可以通过纽约航交所锁定未来
2周到6个月内船舶舱位。同时，无论交易量是大是小，一旦发现需
要额外舱位，客户都可以在纽约航交所上即刻查看来自多个承运人的
实盘，查看所需详情，做出决策，执行一份保障舱位和其他事项的合
同。纽约航交所不仅将大量航运业务线上化，如在线订舱、预订锁舱、
信息查询、物流追踪等服务，还提供标准化的数字化货运合同、数字
化集装箱远期运费合约等衍生服务。此外，纽约航交所计划未来针对
不同航线、不同时段、不同货种进行进一步市场细分，如北大西洋航
线与亚欧航线将提供不同的保险、运费、惩罚金等条款，旨在打造标
准化与差异化服务相结合的模式，满足市场的多元化需求。纽约航交
所未来的客户目标是直接出口商和无船承运人。可以说，纽约航交所
这一数字化平台，提供简化和标准化的数字解决方案，帮助创造一个
更健康、可持续的集装箱航运业。

同时，针对传统航运电商平台存在的安全欠佳、信用违约等问题，
纽约航交所针对性地推出创新举措。一是制定完善的信用审核机制。
通过引入大型船公司、银行及相关金融机构等，对平台的买卖双方进
行严格的资质审核，有效建立起事前预防违约机制，通过净化平台环
境提升用户的参与意愿。二是建立严格的违约惩罚机制。针对传统航
运业务流程中的甩柜、弃舱等违约行为，纽约航交所设定了高额惩罚
金，部分航线的罚款比例甚至达到运费的20%，提高了交易双方的违
约成本。在此基础之上，纽约航交所未来将逐步转向"以管代罚"的
模式，通过技术控制违约风险。

与传统的航运电商平台不同的是，除了与纽约航交所合作的舱位
供应商（大型船公司）具有良好的商誉之外，纽约航交所还通过银行
和金融机构等对买家（订舱需求方）的信用进行审核，这就如同一个
放置在供应链前端的筛子，将信用记录不良的买家一次性地剔除在这
个平台之外，从而使得交易双方对该平台上发布的信息或来自该平台
上的订单都抱有充分信心，舱位和货柜的可用性信息的可靠性可
达99.8%。

纽约航交所的航运电商平台对交易双方的违规行为都有相应的惩戒措施。对于订舱后弃舱的托运人和确认订舱后甩柜的承运人，纽约航交所均设定了不菲的罚款额。对于承运人而言，以取消欧洲至印度、中东或红海诸基本港的出运要约为例，船公司要求的罚款额为 150 美元/TEU①，惩罚力度相对较强。对于承运人而言，为了保留选定的班轮和舱位，承运人需要提交一笔名义保证金，即花钱"锁舱"，保证金为总运费的 10%，如若弃舱，船公司将不返还保证金等。

此外，纽约航交所还推出航线集装箱运价指数衍生品、煤炭航线运价指数衍生品和运力交易产品，其成员希望通过纽约航交所将市场扩大到其他领域，并最终覆盖全球 15% 的集装箱交易，同时，每年为航运业节省至多 230 亿美元。纽约航交所目前主要的收入来源为集装箱订舱、航运衍生品交易、专业航运保险代理和航运融资租赁服务等。

4. 纽约航交所的优势

纽约航交所在提供航运保险、融资租赁、衍生品避险等传统航运服务的同时，逐步将业务重心转向线上平台化建设，不断推进航运服务的智慧化进程。

第一，集聚行业主体，推动纵深化合作。纽约航交所的电商平台汇集了各国航运运营商、第三方服务商、港口企业、贸易集团，实现了整体服务环节的无缝对接。同时，纽约航交所与多家大型航运公司开展深度合作，不断推动合作向纵深化发展。

第二，不断优化线上技术，提供差异化服务。纽约航交所自成立以来，始终定位为"航运界领先的数字平台"，与马士基等合力研发航运信息服务技术。纽约航交所不仅将大量航运业务线上化，如在线订舱、预订锁舱、信息查询、物流追踪等服务，还提供标准化的数字化货运合同、数字化集装箱远期运费合约等衍生服务，旨在打造标准

---

① TEU 指 twenty-feet equivalent unit，是以长度为 20ft 的集装箱为国际计量单位，也称国际标准箱单位。其中 1ft=3.048×10^{-1}m。

化与差异化服务相结合的模式，满足市场的多元化需求。

第三，完善的电商平台，实现协同化发展。针对传统航运电商平台存在的安全欠佳、信用违约等问题，纽约航交所针对性地推出创新举措。例如，对平台的买卖双方进行严格的资质审核，有效建立起事前预防违约机制；针对传统航运业务流程中的甩柜、弃舱等违约行为，设定高额惩罚金机制。纽约航交所未来将逐步转向"以管代罚"的模式，通过技术控制违约风险。

3.2.2 Xeneta 航交所

1. Xeneta 航交所简介

海运是国际贸易中最为重要的环节之一，全球每年共有 3 亿余笔涉及海运的国际贸易发生，海运的市场规模在 2000 亿美元上下。即便市场规模如此巨大，但没有一个合适的比价平台出现。Xeneta 以电商的理念去挖掘这一成熟度有待提高的海运市场。

Xeneta 创立于 2012 年，总部位于挪威奥斯陆，致力于采用互联网"众筹"集装箱，为用户提供全球海运市场信息以及运费和实际运输时间等操作数据，便于客户比较众包价格，打破价值 2000 亿美元的不透明集装箱航运市场。Xeneta 公司平台借鉴的是企业对消费者（business-to-consumer，B2C）网站的做法，任何人都可以对某一家中介代理、某一家班轮公司或者某一条航线评级，发表自己的意见。其他用户可以参考这些评价信息，方便自己做出更明智的决策。

Xeneta 致力于通过这一方式提升海运价格透明度，并提高用户对全球贸易航线市场平均价格的了解。公司目前已经拥有 2300 多万份船运价格，从而能够将船运价格实时提供给客户。Xeneta 自创立至今，获得融资总额为 2050 万美元，公司客户包括 Kraft Heinz、Electrolux、Continental、Thyssenkrupp 以及汽车、化工和零售行业的一些优质供应商等。

2. 海运基准和市场情报平台

Xeneta 创建了海运基准和市场情报平台，从托运人和货运代理人获取集装箱运价数据，并进行分享。Xeneta 实时追踪超过 6 万条航线和实际运价，其编制的指数包含超 1200 万合同运价，为托运人和货运代理提供需要的数据，以便为其货物获得合理的价格。也正是这些数据能够被用以在一个交易所中定价，为正在经历剧变的航运业提供透明、公平的协议以及稳定性。Xeneta 发布的 Xeneta 海运指数（XSI）覆盖 57 条贸易通道，占全球洲际货运量的 95%，并且具有"动态"功能，使得托运人的海运费能跟随市场的发展。

3.2.3 运力网

1. 运力网简介

全球中远期运力交易平台（简称 CapEx）由上海运力集装箱服务股份有限公司（简称运力股份）创建，是一个独立的第三方集装箱远期运力交易平台。运力股份作为中国（上海）自由贸易试验区首批企业，于 2013 年 9 月 29 日挂牌成立。2014 年 10 月，CapEx 成功入选上海自由贸易试验区首批企业创新案例。CapEx 于 2015 年 1 月 15 日正式上线，至今参与平台交易的船公司、无船承运人、货代、货主单位近 180 家，线上、线下交易量合计 1200～1500 箱/月，成为行业内的一大交易平台。

2. 主要功能

（1）对承运人的价值

发布优势航线舱位与运价信息，提高知名度；发布远期舱位，提前获取客户货盘；首创保证金制度，保障真实货盘；平台首发运费支付险，运费赔付有保障；解决困扰货代的资金垫付问题（图 3-5）。

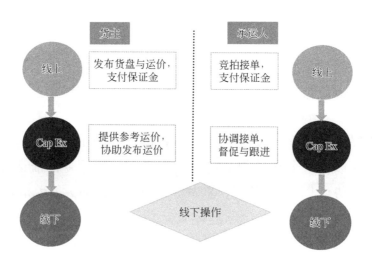

图 3-5　运力网业务运作模式

（2）对货主的价值

买方定价，不仅颠覆了商家定价的传统规则，而且还赋予了消费者主导价格的优势特权；实施保证金制度，确保货物成功出运；拥有百家优质服务商，运价比较一目了然；主动发布货盘信息与目标运价；提供最优最专业的物流解决方案；节省运费、时间与人力成本，保障服务质量。

（3）对行业的价值

梳理当前航运服务业乱象，提升上海国际航运中心服务质量；逐步建立现代航运服务业信用体系，改变目前货代企业数量庞大、参差不齐的现状，减少一味杀价的恶性竞争；节省社会资源，削峰平谷，降低运价的剧烈波动；通过真实的交易数据，打造国际集装箱运输上海指数，使上海掌握集装箱领域定价权，奠定上海国际航运中心的地位。

2017 年，运力网启动了全球集装箱运价指数研发的工作，正式开展海运运费的商业保理业务，与中国出口信用保险公司合作、加强风险管理。这些业务活动更是表明，运力网已经介入了传统航交所的业务范围。特别值得指出的是，全球集装箱运价指数由航运企业和货主直接撮合的价格编制的指数，比传统航交所从航运企业获取的数据编制而成更准确、更具参考性。运力网以满足国际贸易商与国际航运承运人对集装箱远期舱位交易需求为目标，建设公平、公开、公正的集装箱远期运力交易平台，逐步建立有信用的订舱习惯，用市场手段鼓励、弘扬优质的国际航运服务，颠覆传统行业模式，建立国际航运服务业信用体系。

3. 运力网的优势

运力股份开发的运力网是全球首个集装箱远期运力交易第三方平台。该平台制定了科学、合理、安全的交易规则，有利于船公司（含无船承运人）提前释放运力，大幅降低舱位销售边际成本，提高运输服务性价比。交易规则将限定舱位交割时的海运价格计算方法，保证交割时的海运价格与航运市场整体运费价格情况相符并适当优惠。此外，货主单位及其他需求者可以通过平台提前申购远期集装箱舱位。同时，平台为订舱客户提供卖方信用增级服务，其间如发生客户违约撤销订舱申请，订金无需退还，如船公司方发生违约，则需要根据合同支付违约金。临近交割时，远期订舱业务转由现货订舱代理机构办理，流程遵照现货流程。而舱位交割时，客户需补足去除订金后的剩余运费。

3.3 现有航交所主要特点及启示

3.3.1 主要特点

综合分析国内现有的各航交所，我国组建国际航交所应在管理机制、特色业务、功能定位等方面探索出适合自身发展的模式。总体来看，现有航交所存在以下几个特征。

1. 航交所建设绝大部分都是在国际航运中心

国内外航交所均建设在各大国际航运中心。波罗的海航交所和新交所分别位于全球最重要的两大国际航运中心——伦敦和新加坡，上海、东京、纽约等航交所也处于航运中心。国际航运中心是一个功能性的综合概念，是集发达的航运市场、丰沛的物流、众多的航线航班于一体，一般以国际贸易、金融、经济中心为依托的国际航运枢纽。国际航运中心一般拥有完善的港口服务制度、金融服务、法律服务等航交所发展需要的全方位配套政策，也是众多客户、多方航运相关利益者的集聚地，为航交所的发展和建设提供了源源不断的资源。

2. 航交所规模都不大，尤其是国内存在散、小、发展不一的问题

相对于庞大的航运市场，目前航交所规模都不大，最大的波罗的海航交所被收购的市值也才 1 亿美元左右。而国内众多航交所都是地方性，主要服务地方航运业务，规模较小。从现有公开数据来看，除了波罗的海航交所交易规模比较大之外，在航运鼎盛期——2008 年，FFA 交易的成交量曾经达到 21 亿载重吨、交易金额 1630 亿美元，与当时的全球干散货运输总量（24 亿载重吨）相差不大。2009 年至今，FFA 交易的成交量每年基本保持在 11 亿载重吨上下，交易仍较活跃。其他航交所相关业务规模都不是很大（表3-2）。

表3-2 典型航交所业务规模

交易所名称	交易额
波罗的海航交所	在航运鼎盛期——2008 年，FFA 交易的成交量曾经达到 21 亿载重吨、交易金额 1630 亿美元，与当时的全球干散货运输总量（24 亿载重吨）相差不大；2009 年至今，FFA 交易的成交量每年基本保持在 11 亿载重吨上下，交易仍较活跃
上海航交所	2011 年第三季度集装箱运价衍生品交易量约 180 万手，交易额超过 150 亿元
武汉航交所	2017 年，交易额近 40 亿元，较上年翻两番。货运交易额 22 亿元；船舶交易额 2.47 亿元，成交 75 艘。金融保险服务额 7.82 亿元
广州航交所	2017 年完成船舶交易 608 艘次，交易额 25.56 亿元

国内航交所同质化竞争激烈，领先优势地位逐步丧失。近年来，大连、天津、青岛、重庆、广州、武汉、宁波等多家航交所不断涌现，其功能、业务大多参照上海航交所模式，同质化特征明显。部分航交所逐渐拓展服务产品、创新服务模式，对上海航交所形成挑战。例如，宁波航交所除了提供在线订舱、船舶融资、航运保险、航运金融等业务外，还与宁波航运舱位网、宁波海运、宁波电子口岸等开展多方合作，致力于打造航运电商领军平台。此外，国内航运企业也纷纷开启平台建设，中国外运股份有限公司的"海运订舱网"、中国远洋海运集团有限公司（简称中远海运集团）与阿里巴巴合作推出的"一海通"、中远海运集装箱运输有限公司集运旗下的"泛亚航运电商"等各类航运电商平台不断问世。上海航交所未能抓住机遇，将资源优势整合为平台功能优势，在平台建设方面陷入前有大型企业领先、后有其他航交所追赶的尴尬局面。

同时，现有航交所的业务都比较散，运费交易、船舶交易、指数编制、航运金融衍生品等业务众多，模式多样，聚焦某一领域做深做透的航交所还不是很多，也导致其发挥的作用也不是很明显。

3. 传统航交所面临大型期货交易所的兼并收购，新型航交所模式初步形成

前有新交所收购波罗的海航交所之案例，今有上海期货交易所与上海航交所联合开发航运指数期货的事实，其合作打造集装箱运价指数期货，2019年上半年已获得中国证券监督管理委员会（简称证监会）正式立项许可。另外，大连商品交易所也已经完成航运指数期货合约的设计，与上海期货交易所围绕其期货品种产业链对航运期货定价权和话语权正在展开竞争。传统航交所面临这些大型期货交易所进入航运市场的激烈竞争，前景不容乐观。同时，以消除运价不对称突出问题的基于区块链、互联网等技术的新型航交所和航运电商平台适应新形势发展迅速，也对传统航交所市场形成挤兑之势。

3.3.2 主要启示

（1）传统经营模式已面临走不通的境地，航交所迫切需要探出一条新模式

我国组建国际航交所应当对标纽约航交所、Xeneta 航交所以及运力网等新型电商平台，一方面，要切实结合全球和我国贸易发展趋势与特点，提升视野、站准位置，精准定位细分市场，实行错位发展；另一方面，要在提高交易效率、降低价差、构建航运衍生品等方面下功夫，打造航运高端服务链条最顶端的交易服务平台。

（2）大数据交易模式是新贸易时代航交所竞争的本质核心，航交所迫切需要建设基于大数据的智慧航交所

运用大数据可以降低甚至消除航运界信息不对称、不透明这个根本问题，促使国际航交所成为公开公平公正，惠及最广大航运利益相关方的交易平台。

第一，以航运电商平台为中间媒介，建成连接各航运服务提供方、各航运需求方和其他相关组织机构的平台，实现航运服务的线上集成。首先，国际航交所通过开放接口和链接等方式，将电商平台、贸易商、制造商等航运需求方，第三方航运、港口等航运服务提供方，金融机构、支付平台、政府相关职能部门及其他相关平台连接在航运信息平台上，平台运营方与各主体之间是平等的伙伴关系，通过信息集成、资源共享、协同运作提供一体化在线航运服务。其次，国际航交所为双边（或多边）市场服务。一方面，平台方和各航运服务提供方组建航运联盟共同对航运需求方提供航运服务方案设计、在线交易、协同航运信息化运作与管理等"一站式"综合航运服务；另一方面，平台方通过对航运需求进行云计算和大数据分析，为各航运服务提供商提供航运需求信息匹配，在线交易、航运信息化软件租用服务。平台方的核心业务在云计算、服务质量标准的监督考核、统一结算、统一客服、信息共享，各航运服务提供方的核心业务是航运业务的精细化管理和协同运作，更加强调开放、动态、交易、信息共享、集成的概念。

第二，在国家政策指导下，适度放宽行政管制，鼓励、引导区域内各航运主体的新型合作模式。通过智慧航运平台有效整合数量众多的船东、货主、港口、银行及其他金融机构，进而推动多行业、多领域间的交叉合作。例如，货主、船东与港口等开展合作，推出从订舱到装卸的"一站式航运服务"；银行及区域内金融机构完善平台信用机制，为平台企业提供新型金融衍生产品。借鉴纽约航交所的"公司入股"模式，与大型船公司、科技企业、高等院校等合作培养高端航运服务人才，研发智能航运技术、数字化衍生品、航运物联网等创新产品。通过多种新型交叉合作，实现管理思维、合作模式、产品服务的创新化，提升我国在国际航运业界的话语权，使我国国际航交所真正从国际航运规则的"跟随者"转变为"引领者"。

（3）人才竞争是航运发展的关键要素，航交所迫切需要健全培育和引进航运人才制度

一是积极培育符合需求的航运人才。可以充分利用我国海事相关高等院校、国家重点实验室集聚的优势，加强与国际航运培训机构的联系，为航运业相关从业人员提供培训，培养一批高层次的航运专门人才，为建设国际航交所及自贸港输送大批专业性人才。二是建立吸引航运专业人才的有效机制。制定健全的引进高层次航运人才的优惠政策，如为高层次航运人才提供税收优惠，帮助家属解决就业、教育等问题，提供温馨的生活环境和舒适的工作氛围，吸引各层次航运人才在自贸区、自贸港汇集。

第4章 | 航运指数

航运市场是一个全球化的市场，因此具有信息极其不对称的特征。因此，航运指数自然而然成为国际航交所最基础的业务。航运指数主要有表征和动态监测航运市场、衍生品交易标的、交易尺度三大经济功能。自 1985 年波罗的海航交所推出全球首个航运指数以来，全球各类航运指数如雨后春笋不断涌现。目前，全球航运指数体系主要以波罗的海航交所、普氏和上海航交所的航运指数体系最为著名，是全球航运业的标杆指数。

4.1 波罗的海航交所航运指数体系

波罗的海交易所是世界上独立海事数据的主要来源。波罗的海交易所信息服务有限公司（BEISL）是波罗的海航交所的全资子公司，是授权航运指数体系的编制和管理机构。波罗的海航交所于 1985 年首次推出 BFI，这是第一个波罗的海计算的系列海运运价市场指数。随后，波罗的海航交所航运指数体系迅速发展，干散货运价指数体系以及 FFA 衍生品价格成为行业的晴雨表。

4.1.1 波罗的海航交所航运指数编制规则

1. 航运指数体系编制制度和治理架构完备

首先，波罗的海航交所制定了航运指数的基本制度——《市场基准指引》。《市场基准指引》对 BEISL 航运指数编制管理的基准的定义、决策等管理进行了明确。例如，BEISL 对航运指数提出修订变更意见，需要征询波罗的海航交所的所有会员，并且得到不少于 75% 的会员同意才能实施。《市场基准指引》从波罗的海航交所母公司层面确保了对 BEISL 的严格管控。

其次，设计了稳健和透明的 BEISL 三足鼎立的治理结构。稳健和透明的 BEISL 治理结构为航运指数运行提供了根本保证。BEISL 设立董事会（BEISL Board）。BEISL 董事会最多由 4 名董事组成，BEISL 的公司章程明确规定了董事会决策、议事规则和任命程序。BEISL 董事会负责为航运指数体系建立可信和透明的治理、监督和问责程序。BEISL 董事会由波罗的海指数理事会（BIC）协助其对 BEISL 提供的所有航运指数进行管理。所有航运指数均以选定的小组成员所提供的输入数据为基础而进行编制的。航运指数编制由 BEISL 员工及相关人员完成，这些人员都必须具有与其职责相对应的必要技能、知识和经验。BEISL 设立独立的航运指数监督委员会，由波罗的海航交所和新交所的代表投票成员组成，不直接参与航运指数相关数据提供及其编制，只履行基准监督职能。特别的是 BEISL 董事会和波罗的海指数理事会发挥了重要独特的作用。

BEISL 董事会除了履行公司战略、总体目标实现等基本职能之外，还被赋予了严格而又详细的航运指数管理职能。例如，建立有效的航运指数制度和流程控制框架，调整航运指数、制定新的航运指数、停止陈旧或过时航运指数，监督和管理 BEISL 员工及参与制定航运指数的第三方、评估和核查人员对《市场基准指引》的遵守情况，根据市场情况至少每年或每年审查 BEISL 航运指数编制方法，确定 BEISL 航运指数运行中防止利益冲突的相关政策和程序执行，调查和管理有关 BEISL 及其航运指数方法的投诉与申诉案件等。

波罗的海指数理事会协助 BEISL 董事会管理市场基准。波罗的海指数理事会由 5 人组成，包括 1 名主席（来自航运细分市场的代表），干散货、湿散货及航运衍生品经纪商并应独立于波罗的海航交所及其附属公司的 3 名代表，1 名从波罗的海航交所或其附属公司董事会抽调的董事以及波罗的海航交所的首席执行官（出席但不投票）。波罗的海指数理事会还有波罗的海航交所赋予的特别责任，包括就小组成员遵守《市场基准指引》的情况向 BEISL 董事会和 BEISL 监督委员会提供意见；基础数据的质量审查；协助 BEISL 董事会管理《市场基准指引》中基准变更；向 BEISL 董事会提出的具体建议等。

BEISL 监督委员会的主要职能是负责监督 BEISL 航运指数业务的整体运作，具体包括监督 BEISL 控制框架的实施；监督 BEISL 员工和小组成员遵守《市场基准指南》的情况；内部和外部审计的监督执行情况等。

2. 指数编制独立性要求

BEISL 航运指数管理的独立性非常高，主要体现在对公司和管理层以及普通员工的具体要求。对公司和管理层的限制具体措施包括：一是波罗的海航交所或其任何经营公司都不投资或交易实物或金融航运资产或运价费率，其收入结构不依赖于市场水平。二是通过设立负责支持 BEISL 董事会管理市场基准的 BIC，利益冲突问题也被最小化。BIC 不参与日常的指标具体确定过程。BIC 成员可以受雇于小组成员公司，不能是数据提供者，但可以直接参与小组成员的评审程序。三是 BEISL 对从专家小组收到的所有输入数据都严格保密。不允许通过 BIC 成员访问输入数据，除非是在历史的基础上进行鉴定和用于审计目的，为保持机密性将进行匿名。四是设置高级评估员岗位，可直接向波罗的海航交所首席执行官报告，也可以向波罗的海航交所主席、合规部门、BIC 或 BEISL 监督职能部门提出任何关于信任基准的问题。

对员工的管理具体措施包括：一是波罗的海航交所及其任何子公司的员工不得投资或交易航运衍生品，也不允许投资私人航运市场公司或间接投资公司，如对冲基金和专门针对航运市场的私人股本公司。二是员工投资上市航运公司的股票，无论是直接投资还是通过集体投资工具（共同基金），都可以作为长期投资过程的一部分，但须符合波罗的海航交所个人账户交易政策规定的条件，并经合规部门批准。三是所有员工政策均载于《波罗的海集团员工手册》，该手册在员工受雇后第一时间要深入学习了解。四是内部高级审计员、初级审计员和所有其他雇员必须每年申报是否遵守波罗的海航交所的交易限制。五是波罗的海航交所工作人员薪酬政策确保 BEISL 管理的任何基准的业绩与参与提供基准的雇员和外部承包商的薪酬之间没有联系。

3. 指数编制规则和方法

波罗的海航交所对航运指数计算有着非常严格的规定，为其在国际上的公正性和权威性奠定了基础。

规则一：航线选择要求地理分布平衡，航线既反映大西洋又反映太平洋贸易，还有各大洋间的贸易（保持往返航线的平衡），每条航线权重。

规则二：指数构成航线上的成交要有一定的成交额，或者重要的相关航线，季节性航线不予考虑。

规则三：有合理数量的精确成交报告，可能或确实受一个或少数承运人控制的航线不予考虑。波罗的海散货运价指数是根据对下一个货物或价格点的评估而制定的，除其他因素外，还考虑了以前的交易、市场状况和供求情况。

规则四：由国际知名、信誉良好、有代表性的 20 家经纪人公司组成三个小组，负责计算当天各船型的运价指数，其中克拉克森（Clarksons）等大型经纪公司兼任三个小组成员。根据这 20 家经纪人公司与波罗的海航交所签订的合同，各公司相互之间都对提交给小组的运价或租金水平严格保密。

规则五：操作方法通过这 20 家经纪人公司根据在全球范围内收集的最新市场成交情况，分析得出当天各船型指数所包括的各条航线运价或日租金水平，单独提出交给小组，如果某一航线缺少最新的运价或租金水平，则参照其他航线和日租金水平，去掉最高最低价，再分别计算出各航线的平均运价和平均日租金水平，各航线的换算指数相加后的结果，即得出各船型当天的运价指数，在每个工作日的伦敦时间 13:00 波罗的海航交所正式对外公布。

4.1.2　波罗的海航交所航运指数体系具体内容

波罗的海航交所的航运指数体系包括涵盖好望角型、巴拿马型、超大型和轻便型散货船的航次和定期期租运价指数；VLCC、苏伊士（Suezmax）、阿芙拉（Aframax）和 MR 油轮的世界标尺和期租等值费率；液化石油气船和液化天然气船的定期期租船费率；集装箱运费、航空运价费率以及 FFA、船舶买卖价值、船舶回收价格等指数，以及海运投资指数、碳排放等。其中波罗的海航交所最为著名的航运指数为干散货运价指数。

1. 干散货运价指数

干散货运价指数中，最具影响力的指数当属波罗的海干散货综合指数（Baltic dry index，BDI），它是由五国（美国、英国、挪威、意大利、日本）20 家大型航运经纪商针对多条重要航线、依照其每日即期运价（spot rate）进行报告并编制，是干散货即期运价的代表性指标。

BDI 的前身是波罗的海交易所 1985 年 1 月 4 日开始日度发布的运价指数——BFI。BFI 在设立之初由 13 条航线的运价构成，后经数次调整，至 1999 年 9 月 1 日，波罗的海交易所将综合反映巴拿马型和好望角型的 BFI 拆解成 BPI 和 BCI 两个子指数，与已经设立的 BSI 共同组成三大船型运价指数。1999 年 11 月 1 日，以 BCI、BPI 和 BHSI 各取 1/3 权重进行加权平均，然后乘以一个固定的换算系数 0.998 007 990 计算而得的 BDI 正式取代 BFI。后来，BDI 的计算方法又出现了一些细小的修订，自 2018 年 3 月 1 日以后，将 BHSI 移除，改由 BCI（40%）、BPI（30%）和 BSI（30%）进行加权平均并计算，但是从本质上来说其计算模型没有改变。

BDI 指数由 BCI、BPI 和 BSI 构成，分别对应不同的船型、航线和主运货物（表4-1～表4-5）。

表4-1 BDI 指数情况

指数名称	权重	船型	航线及连接区域	主运货物
BCI	40%	好望角型（8万载重吨以上）	远洋航线：巴西—荷兰，巴西—中国，南非—荷兰，澳大利亚—中国，委内瑞拉—荷兰，北非—德国，欧洲大陆/地中海—远东，太平洋环线，中国—欧洲大陆，中国—巴西，南非—中国	铁矿石、铁矿砂、磷矿石、铝矾土、煤炭等工业原料
BPI	30%	巴拿马型（6万～8万载重吨）	远洋航线：跨大西洋环线，丹麦—北非—远东，日韩太平洋环线，英国—中国，远东—北太平洋—澳大利亚—丹麦—意大利	煤炭、粮食等民生物资
BSI	30%	超灵便型（6万载重吨以下）	近海航线：美国墨西哥湾—远东，土耳其—远东，中国—北太平洋—澳大利亚环线，中国—西非，美国墨西哥湾—丹麦—意大利，西非—南非东岸—中国，非洲—南非东岸—丹麦—意大利，中国—印度尼西亚—印度，东南亚—中国	煤炭、磷肥、碳酸钾、木材、钢铁、水泥、白糖

资料来源：波罗的海交易所。

表4-2 BCI 航线的构成情况 （期租）

航线简称	具体内容
C2	图巴朗—鹿特丹
C3	图巴朗—青岛
C5	西澳大利亚—青岛
C7	玻利瓦尔—鹿特丹
C8_14	直布罗陀/汉堡跨大西洋往返航线
C9_14	中—日—欧洲/地中海往返航线
C10_14	中—日跨太平洋航线
C14	中—巴跨太平洋航线
C16	地中海—印度尼西亚往返航线
C17	萨尔达尼亚湾—青岛
5TC	期租加权平均

表 4-3　BPI 航线的构成情况（期租）

航线简称	具体内容
P1A_82	连续往返航次型环大西洋
P2A_82	Skaw-Gib 型中国台湾—日本
P3A_82	日本—韩国
P4_82	日/韩—斯卡和帕赛罗
P5_82	中国南方—印度尼西亚
P6_82	新加坡—环大西洋
P7	粮食 6.6 万载重吨美国墨西哥湾—青岛
P8	粮食 6.6 万载重吨桑托斯—青岛
P1A_03	74 Skaw-Gib 型环大西洋（7.4 万载重吨）
P2A_03	74 Skaw-Gib 型中国台湾—日本（7.4 万载重吨）
P3A_03	74 Skaw-Gib 型日本—韩国（7.4 万载重吨）

注：Skaw-Gib 型指连续往返航次型。

表 4-4　BSI 航线的构成情况（期租）

航线简称	具体内容
S1B_58	恰纳卡莱—地中海—中国—韩国
S1C_58	美国墨西哥湾—中国南方—日本
S2_58	中国北方—澳大利亚或环太平洋
S3_58	中国北方—西非
S4A_58	美国墨西哥湾—斯卡和帕赛罗
S4B_58	斯卡和帕赛罗—美国墨西哥湾
S5_58	西非—南美东海岸—中国北方
S8_58	中国南方—印度尼西亚—印度东海岸
S9_58	西非—南美东海岸—斯卡和帕赛罗
S10_58	中国南方—印度尼西亚—中国南方
10TC	以上 10 条航线加权平均

表 4-5　BHSI 航线的构成情况（期租）

航线简称	具体内容
HS1_38	斯卡和帕赛罗—里约热内卢/雷卡拉达
HS2_38	斯卡和帕赛罗—波士顿/加尔维斯顿
HS3_38	里约热内卢/雷卡拉达—斯卡和帕赛罗
HS4_38	美国墨西哥湾或美国墨西哥湾/南美北海岸—斯卡和帕赛罗

航线简称	具体内容
HS5_38	东南亚—新加坡/日本
HS6_38	中国北方—韩国—日本环线
HS7_38	中国北方—韩国—日本—东南亚
7TC	以上 7 条航线加权平均

从数据报告源来看，BDI 及其子指数依赖市场上非常活跃的独立航运经纪人，基于目前的货盘情况、可用船舶情况、受载期情况、即期交船情况、船龄情况以及最近的谈判和成交情况，对航运运费进行专业判断，航运公司以及租船客户都不允许成为评估者；从航线所连接的区域来看，包括全球主要的干散货贸易，反映了太平洋和大西洋两大市场的贸易情况，也包括两大洋之间的贸易，维持从大西洋到远东、从远东到大西洋两个航线间的平衡；从航线的代表性来看，有一些会季节性停止的贸易航线会被剔除（如大湖州和果阿），如果某个贸易航线是被几个租家所控制的，也不会被报告，并且航线上的交易大部分是根据标准条款成交为宜；数据的核对由运价指数和远期运费委员会（FIFC）进行，该委员会由交易所董事、FFA 经纪人协会主席和运价市场信息用户等构成，主要职责是确保航线和船型能反映市场的真实情况，并且检查由各个指数汇报小组成员给出的报价的质量。

作为一个透明独立的指数体系，BDI 及相关指数不仅被用于以美元为结算货币的 FFA 结算，也与一些租船合同和定期期租交易的租金关联。

2. 油轮运价指数

油轮运价指数中，波罗的海航交所的两类指数是最具影响力的指标。

第一类指数以货种为划分依据，包括波罗的海原油运价指数（Baltic dirty tanker index，BDTI）、波罗的海成品油运价指数（Baltic clean tanker index，BCTI），以及波罗的海液化石油气运价指数（Baltic liquefied petroleum gas index，BLPG 指数）。第二类指数是等价期租租金（time charter equivalents，TCE），以船型为划分依据，包括了巨型油轮油轮 TCE（VLCC TCE）、苏伊士型油轮 TCE（Suezmax TCE）、阿芙拉型油轮 TCE（Aframax TCE）和中程油轮 TCE（MR TCE）。具体包括 30 多条主要的成品油和原油航线的 VLCC 到轻便型油轮的运费标度和定期租船等价指数等（表4-6 和表4-7）。

表 4-6　BDTI 主要原油航线构成

航线简称	具体内容
TD1	中东湾—美国墨西哥湾
TD2	中东湾—新加坡
TD3C	中东湾—中国
TD6	黑海—地中海
TD7	北海—欧洲
TD8	科威特—新加坡
TD9	加勒比海—美国墨西哥湾
TD12	阿姆斯特丹/鹿特丹/安特卫普—美国墨西哥湾
TD14	东南亚—澳大利亚东海岸
TD15	西非—中国
TD17	波罗的海—英国/欧洲
TD18	波罗的海—英国/欧洲
TD19	地中海环线
TD20	西非—英国/欧洲
TD21	加勒比海—美国墨西哥湾（5 万 t 燃料油）
TD22	美国墨西哥湾—中国
TD23	中东湾—地中海（轻质原油）
TD24	俄罗斯（太平洋）—中国
TD25	美国墨西哥湾—西非
TD26	EC 墨西哥—休斯敦
VLCC TCE	巨型油轮一篮子运价（TD1 和 TD3C）
Suezmax TCE	苏伊士型油轮一篮子运价（TD6 和 TD20）
Aframax TCE	阿芙拉型油轮一篮子运价（TD7、TD8、TD9、TD14、TD17 和 TD19）

表 4-7　BCTI 主要成品油航线构成

航线简称	具体内容
TC1	中东湾—日本（CPP, UNL, naphtha condensate）
TC2	欧洲—美国大西洋海岸（CPP, UNL）
TC5	中东湾—日本（CPP, UNL, naphtha condensate）
TC6	阿尔及利亚—欧洲地中海（CPP, UNL）
TC7	新加坡—澳大利亚东海岸（CPP）
TC8	中东湾—英国和欧洲（CPP, UNL）
TC9	波罗的海—英国和欧洲（CPP, UNL, ULSD）
TC10	韩国—北太平洋西海岸（CPP/UNL）
TC11	韩国—新加坡（CPP）
TC12	西非（WCI）—日本（naphtha）
TC14	美国墨西哥湾—欧洲（CPP, UNL, diesel）
TC15	地中海/远东（naphtha）
TC16	阿姆斯特丹—洛美离岸（CPP）
TC17	中东湾—东非
TC18	美国墨西哥湾—巴西
TC19	阿姆斯特丹—拉各斯（CPP）
MR Atlantic Basket（TC2 TCE & TC14 TCE）	中程大西洋一篮子运价（TC2 和 TC14）
MR Pacific Basket（TC11 TCE & TC12 TCE）	中程太平洋一篮子运价（TC11 和 TC12）

3. 集装箱运价指数

波罗的海航交所还开发了波罗的海集装箱运价指数（Freightos Baltic Index，FBX），主要包含反映了 13 条主要国际贸易航线上 40ft①集装箱的现货运价（表 4-8）。该指数始于 2016 年，目前已经囊括了全球 80% 的集装箱贸易，包含所有种类的货运（FAK）现货关税和相关的附加费。数据来自世界上最大的全球多式联运的海运运价数据库，使用来自数百家物流供应商的实时数据，频度为日。它是全

---

① 1ft = 3.048 × 10⁻¹ m。

球首个权威基于大数据技术的一个可靠和完全透明的参考动态运价指数数据。

表 4-8　FBX 航线的构成情况

航线简称	具体内容
FBX00	全球集装箱运价指数
FBX01	中国/东亚—北美
FBX02	北美西海岸—中国/东亚
FBX03	中国/东亚—北美东海岸
FBX04	北美东海岸—中国/东亚
FBX11	中国/东亚—北欧
FBX12	北欧—中国/东亚
FBX13	中国/东亚—地中海
FBX14	地中海—中国/东亚
FBX21	北美东海岸—欧洲
FBX22	欧洲—北美东海岸
FBX24	欧洲—南美东海岸
FBX26	欧洲—南美西海岸

4. 船舶价格指数

波罗的海航交所围绕船舶价格也研发了一系列的船舶价格指数，具体包括干散货、油轮等船舶买卖价格指数（表 4-9～表 4-12）。

表 4-9　干散货船舶价格指数

船型	吨位	船龄	数据频度
好望角型	18 万载重吨	5 年	每周
巴拿马型	8.25 万载重吨	5 年	每周
超灵便型	Tess 58 类型	5 年	每周
灵便型	3.82 万载重吨	5 年	每周

表 4-10　散货船拆船价格指数

船型	数据频度
大型干散货船>20 000 轻吨	每周
中型干散货船9 001～20 000 轻吨	每周
小型干散货船5 000～9 000 轻吨	每周

注：以孟加拉国、印度和巴基斯坦干散货船拆船价格为基准制定。单位：美元/轻吨。

表 4-11　油轮船舶购买/出售价格指数

船型	吨位	船龄	数据频度
VLCC	30.5 万载重吨	5 年	每周
Suezmax	15.8 万载重吨	5 年	每周
Aframax	11.5 万载重吨	5 年	每周
MR Product Tanker	5.1 万载重吨	5 年	每周

表 4-12　油轮拆船价格指数

船型	数据频度
大型油轮>30 001 轻吨	每周
中型油轮15 001～30 000 轻吨	每周
小型油轮7 000～15000 轻吨	每周

注：以孟加拉国、印度和巴基斯坦干散货船拆船价格为基准制定。单位：美元/轻吨。

5. 营运成本跟踪指数

营运成本跟踪指数（operating expense indices，OPEX）包括干散货船和油轮。干散货船方面，主要有跟踪好望角型、巴拿马型、超灵便型和灵便型船舶每日营运成本的季度指数。波罗的海干散货营运成本指数是根据船员、技术和保险费用计算的。该评估每季度发布一次，主要根据第三方船舶经纪人的评估综合得到。油轮方面，主要跟踪阿芙拉型和中程油轮每日营运成本的季度指数。波罗的海油轮营运成本指数是根据船员、技术和保险费用计算的。该评估每季度发布一次，主要根据第三方船舶经纪人的评估综合得到。

6. 投资决策参考指数

波罗的海航交所还为海运投资者提供了一系列投资决策参考指数，包括有关收益健康、剩余价值、剩余风险、期租现货收益、船舶购买价格和船舶回收价值等数据，为投资者简洁清晰明了掌握海运市场动态变化（表4-13）。

表4-13　投资者指数构成

指数名称	具体内容	频度
收益健康指数 （health of earnings indices）	等于每日运价现货收入与运行成本之差，是好望角型、巴拿马型、超灵便型和灵便型的潜在收益健康指数的平均值	每日
剩余价值指数 （residual value indices）	船舶在 5 年内的隐含减记价值，等于好望角型、巴拿马型、超灵便型和灵便型的剩余价值指数的平均值	每日
剩余风险指数 （residual risk indices）	该指数给出了船舶回收钢材价值与剩余价值的比值，等于好望角型、巴拿马型、超灵便型和灵便型的剩余风险指数的平均值	每日
期租现货收益指数 （spot timecharter earnings）	等于好望角型、巴拿马型、超灵便型和灵便型提供现货期租收益	每日
5 年期期租价值指数 （5 year period timecharter values）	等于好望角型、巴拿马型、超灵便型和灵便的 5 年船龄船舶期租价值	每日
每日营运成本指数 （daily operating costs）	等于好望角型、巴拿马型、超灵便型和灵便型的每日营运成本	每日
5 年船龄船舶购买价格指数 （vessel 5 year old purchase price）	等于好望角型、巴拿马型、超灵便型和灵便型的 5 年船龄船舶购买价格	每日
船舶回收价值 （vessel recycling values）	好望角型、巴拿马型、超灵便型和灵便型的船舶回收价值	每日

同时，波罗的海航交所每周发布鹿特丹、新加坡、休斯敦和富查伊拉四个全球主要燃料补给中心的船用燃油价格。

7. 碳排放指数

为了支持航运业的脱碳行动，波罗的海航交所寻求将碳排放与租船费率同时考虑在内，根据典型的船舶和航次特征，计算出一套指示性的二氧化碳排放数字和能源效率运行指标船舶能效营运指数（energy efficiency operating index，EEOI）参考指数。海运相关方可以利用这些结果和表现来验证、维护与更新 EEOI 值。通过了解不同航线和大小等级的运营效率差异，船主和承租人将能够采取实际措施，最大限度地减少碳足迹（表4-14 ~ 表4-17）。

表4-14　好望角型的碳排放指数

航线简称	描述	$CO_2(t)$ 环保速度	$CO_2(t)$ 全速	EEOI 环保速度	EEOI 全速
C5TC	年化 EEOI，12 月现货交易	39 430	54 824	4.40	5.43
C2	图巴朗—鹿特丹 160 000 轻吨	4 889	6 052	5.58	6.91
C3	图巴朗—青岛 160 000 轻吨	8 075	9 981	4.12	5.09
C5	西澳大利亚—青岛 160 000 轻吨	3 587	4 426	5.58	6.88
C7	玻利瓦尔—鹿特丹 18 万载重吨	4 342	5 361	5.98	7.38
C8	直布罗陀/汉堡跨大西洋往返航行 18 万载重吨	6 123	7 562	4.63	5.72
C9	中—日—欧洲/地中海往返航行 18 万载重吨	7 177	8 858	3.80	4.69
C10	中—日跨太平洋航线 18 万载重吨	3 587	4 426	5.58	6.88
C14	中—巴跨太平洋航线 18 万载重吨	8 075	9 981	4.12	5.09
C16	地中海—印尼往返航线 18 万载重吨	5 202	6 415	3.76	4.64
C17	萨尔达尼亚湾—青岛 170 000 轻吨	8 041	9 956	5.52	6.84

表4-15　巴拿马型的碳排放指数

航线简称	描述	$CO_2(t)$ 环保速度	$CO_2(t)$ 全速	EEOI 环保速度	EEOI 全速
P5TC	年化 EEOI，12 月现货交易	21 501	30 014	6.55	8.13
P1A	Skaw-Gib 型环大西洋 8.25 万载重吨	2 572	3 181	6.53	8.07
P2A	Skaw-Gib 型中国台湾—日本 8.25 万载重吨	3 950	4 942	5.42	6.78
P3A	日本—韩国往返航线 8.25 万载重吨	2 751	3 401	7.86	9.72
P4	日/韩—斯卡和帕赛罗 8.25 万载重吨	2 792	3 504	4.42	5.55
P5	中国南方—印度尼西亚 8.25 万载重吨	1 039	1 277	7.65	9.41
P6	新加坡—环大西洋 8.25 万载重吨	5 797	7 193	7.17	8.90

续表

航线简称	描述	$CO_2(t)$ 环保速度	$CO_2(t)$ 全速	EEOI 环保速度	EEOI 全速
P7	美湾—青岛粮食航线 6.6 万载重吨	5 390	6 783	4.81	6.06
P8	桑托斯—青岛粮食 6.6 万载重吨	5 797	7 193	7.17	8.90

表 4-16　超灵便型的碳排放指数

航线简称	描述	$CO_2(t)$ 环保速度	$CO_2(t)$ 全速	EEOI 环保速度	EEOI 全速
S10TC	年化 EEOI, 12 月现货交易	21 575	28 791	7.25	8.62
S1B	恰纳卡莱—地中海—中—韩 5.8238 万载重吨	2 504	2 954	5.94	7.00
S1C	美国墨西哥湾—中国南方—日本 5.8238 万载重吨	2 992	3 526	5.83	6.87
S2	中国北方—澳大利亚或环太平洋 5.8238 万载重吨	2 523	3 045	10.11	12.20
S3	中国北方—西非 5.8238 万载重吨	3 137	3 696	5.78	6.81
S4A	美国墨西哥湾—斯卡和帕赛罗 5.8238 万载重吨	1 605	1 892	6.10	7.19
S4B	斯卡和帕赛罗—美湾 5.8238 万载重吨	1 608	1 896	6.19	7.30
S5	西非—南美东海岸—中国北方 5.8238 万载重吨	4 081	4 862	6.57	7.83
S8	中国南方—印度尼西亚—印度东海岸 5.8238 万载重吨	1 318	1 577	8.13	9.73
S9	西非—南美东海岸—斯卡和帕赛罗 5.8238 万载重吨	2 618	3 138	7.92	9.49
S10	中国南方—印度尼西亚—中国南方 5.8238 万载重吨	1 021	1 230	9.57	11.53

表 4-17　灵便型的碳排放指数

航线简称	描述	$CO_2(t)$ 环保速度	$CO_2(t)$ 全速	EEOI 环保速度	EEOI 全速
HS7TC	年化 EEOI, 12 月现货交易	16 409	23 523	8.33	10.52
HS1	斯卡和帕赛罗—里约热内卢/雷卡拉达 3.82 万载重吨	1 309	1 693	6.70	8.66
HS2	斯卡和帕赛罗—波士顿/加尔维斯顿 3.82 万载重吨	982	1 264	6.85	8.82
HS3	里约热内卢/雷卡拉达—斯卡和帕赛罗 3.82 万载重吨	1 317	1 702	6.64	8.58
HS4	美湾或美湾/南美北海岸—斯卡和帕赛罗 3.82 万载重吨	1 209	1 563	6.62	8.56
HS5	东南亚—新加坡/日本 3.82 万载重吨	1 946	2 404	10.65	13.16
HS6	中国北方—韩国—日本环线 3.82 万载重吨	2 090	2 556	12.35	15.11
HS7	中国北方—韩国—日本—东南亚 3.82 万载重吨	875	1 101	8.55	10.75

4.2　普氏能源资讯航运指数体系

　　1909 年普氏能源资讯成立，主要为石油价格提供服务。1928 年，标准石油公司、荷兰皇家壳牌集团等根据普氏能源资讯石油公司进行了石油交易，将普氏原油确立为全球基准，普氏能源资讯成为全球标杆。1960 年，普氏能源资讯以海峡港口指数进入航运市场。2015 年，普氏能源资讯收购 Petromedia 和 MVS，扩大普氏在航运和金属分析领域的足迹。2016 年，被标准普尔金融服务有限公司（Standard & Poor's Financial Services LLC）收购，改名为标普全球普氏能源资讯，极大地巩固了全球商品指数地位。2022 年初，标普全球普氏能源资讯和 HIS Markit 合并成标普商品洞察（S&P Global Commodity Insights）。

　　普氏能源资讯是全球领先的能源、石化和钢铁信息提供商，是评定现货市场和期货市场基准价格的重要机构。这些信息包括石油、天然气、液化天然气、碳排放、煤炭、电力、钢铁、核能、石化和海运市场，影响了世界上 150 多个国家的能源企业。普氏能源资讯对铁矿石的估价成为全球铁矿石定价的基础；对原油的估价被国际原油市场采用，成为交易和定价基础。近年来，还在扩充其在焦煤、氧化铝、海运市场等方面的影响力。

4.2.1　普氏能源资讯航运指数编制规则

　　普氏能源资讯航运指数编制较波罗的海航交所编制规则和方法有所不同。普氏能源资讯航运指数编制规则和方法充分利用了其在全球各港口的业务网点与职员以及客户资源优势，同时还利用公司多年积攒的大数据优势，在航运指数上开发的深度、广度以及基于大数据的编制方法显著优于波罗的海航交所传统的航运指数体系。

　　下面以普氏能源资讯的油轮 TCE 为例，展示其编制规则和方法（图 4-1）。

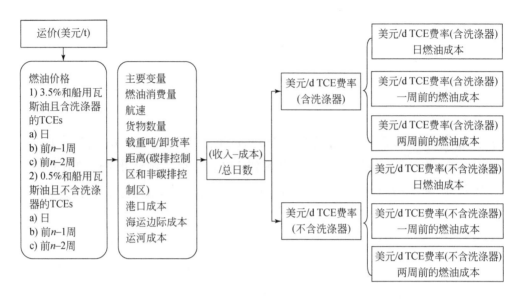

图 4-1 油轮 TCE 编制方法

油轮 TCE 衡量的是欧洲航运市场油轮重要航线运费的日收益。TCE 是基于规模较大的现货市场运价，主要体现日收益的波动性，包括海运燃油成本变化。海运燃油价格随着国际海事组织（International Maritime Organization，IMO）2020 限硫令规则出台，变得更加重要。数据方面，油轮 TCE 由 4 条 Aframax 航线构成，频度为日，单位为美元/d。普氏能源资讯给出了含洗涤器和不含洗涤器以及吨位两种 TCEs，采用了基于每日燃油成本、一周前的燃油成本、两周前的燃油成本三种评估模式，同时利用代表性港口高硫船用燃油（HSFO）、低硫船用轻柴油（LSMGO）、船用瓦斯油（MGO）的燃油成本。为了确保指数的完全透明，公司对相关规则和假设等，进行了广泛的市场调查。数据来源于第三方独立机构，并对这些基础数据进行标准化。普氏能源资讯经过市场咨询后，决定为每条航线提供 6 个每日评估，以反映不同日期的加油情况。普氏能源资讯评估了含洗涤器和不含洗涤器的船舶的 TCE，并根据每日燃油成本、一周前的燃油成本和两周前的燃油成本，为每一项评估提供了额外的分类。普氏能源资讯了解船舶在现货市场交易之前会装载燃油，TCE 应该反映之前的燃油成本，以更好地反映船舶的每日收益。

具体编制方法如下：

TCE ＝净收入/航次天数

净收入 ＝总收入–总费用

总收入 ＝运价（美元/t）×货物数量

总费用 ＝燃油成本+港口成本+2.5％的经纪人佣金+运河通过成本（如适用）

载重吨和卸货率、速度、燃油消耗和港口成本等变量都是基于广泛的市场调查并可以根据行业参与者的反馈进行调整。任何变化都会提前告知市场，并在普氏能源资讯网站上公布。

再如，普氏能源资讯于 2019 年 10 月发布的行业首个干散货好望角型船日租金指数（drybulk Capesize earnings index，以下简称 Cape T4指数）。该指数创新的基于历史航运运力数据和每日最新的普氏散货（Platts bunker）指数，反映了在四个主要的好望角型船路线的海里吨需求相对应的日租金水平。Cape T4 指数基于追踪大宗商品（铁矿石和煤炭）的航运贸易量流向，从而确保了现货市场交易活动的准确性。该指数是通过将分配的权重应用于四个主要的海岬型船往返航次的每日 TCE（美元/d）评估得出的，该评估在新加坡市场收盘时间 17：30发布。每条航线的 TCE 的权重以海里吨为单位来计算。通过普氏能源资讯 cFlow 数据系统中在前一年记录到的所有货物吨数以及船舶行驶海里数的乘积，来科学地反映相关地理区域之间观察到的好望角型船只的运输需求。从 2019 年 10 月 1 日起，根据 2017 年 12 月 1 日 ~2018年 11 月 30 日的运输流量记录，Cape T4 指数评估的权重见表 4-18。

表4-18 普氏能源资讯干散货好望角型船日租金指数航线构成（单位:％）

航线	航程	代码	权重
PCTCE5	中国北方—澳大利亚环路	MRYAA00	46
PCTCE8	中国北方—南非环路	MRYBA00	6
PCTCE3A	中国北方—大西洋环路	MRYCA00	45
PCTCE7	大西洋环路	CRYAA00	3

普氏能源资讯不会每年修改该权重，但是通过持续观察记录贸易流量并且定期评估每条航线的权重，从而在有重大贸易变化出现时做出最快反应的调整。

4.2.2 普氏能源资讯航运指数体系具体内容

普氏能源资讯航运指数主要是根据标的类型和船型进行编制的。目前，普氏能源资讯航运指数标的包括：原油及加工品、成品油、LNG、铁矿石、冶金用煤、氧化铝和铝土矿、糖和谷物等。从船型来看，又细分为原油油轮和成品油油轮、LNG 运输船、干散货船以及集装箱船等，见表4-19。表4-20 展示了普氏能源资讯集装箱运价指数主要航线和权重。

表 4-19　普氏能源资讯航运指数体系

船型	商品	简称代码	具体描述
原油油轮	原油及加工品、重油制品（DPP）	TD	运价费率根据船型/货物超过 85 条关键原油和燃料油航线运价编制而成；双重费率-世界标度，美元/t 计价
成品油油轮	轻油制品（CPP）、LPG 等	TC TA	
LNG 运输船	LNG	LF	
干散货船	金属——冶金用煤、铁矿石、氧化铝、铝土矿、石灰石、DBF 废料、石油焦（燃料级）、动力煤、谷物、糖、对二甲苯	MRY CRY GRY SY HF	
集装箱船	制造业商品、高分子材料等	CTR TA	

表 4-20　普氏能源资讯集装箱运价指数主要航线和权重　（单位:%）

航线	权重
东北亚—北欧	10.43
东北亚—英国	10.43
东北亚—北美东海岸	8.87
东北亚—北美西海岸	8.20

航线	权重
东北亚—地中海	6.87
北欧—北美东海岸	3.95
北美西海岸—东北亚	11.33
北欧—东北亚	10.00
英国—东北亚	10.00
北美东海岸—东北亚	8.03
地中海—东北亚	7.66
北美东海岸—东北亚	4.23
总计	100

4.3 上海航交所航运指数体系

4.3.1 上海航交所航运指数编制规则

上海航交所的航运运价指数的编制基本遵循运价采集和统计计算两个阶段。以 SCFI 为例，在运价采集阶段，上海航交所航线市场份额较大的 22 家班轮公司和 26 家货贷公司签订运价采集协议，由其在每个指数发布日的 12 点前报送成交价格；在指数计算阶段，SCFI 基期（2009 年 10 月 16 日）运价指数人为指定为 1000，之后每日运价指数根据 12 条分航线平均运价加权得到。运价采集是航运运价指数编制的关键环节，确定具有代表性的航运公司、筛选最优成交方式运价、确定最佳收集和报送时间直接关系到航运运价指数的准确性。在统计计算阶段，其他航运运价指数基本沿用上述 SCFI 计算模式，区别在于各分航线指数的权重确定，选择最佳权重计算方法，不仅要考虑分航线运输情况，更要与运价采集环节相匹配。

4.3.2 上海航交所航运指数体系具体内容

上海航交所对外发布的航运指数系列覆盖了集装箱、干散货和油轮三大运输市场与船舶买卖市场，在国际/国内的航运领域基本形成了"上海"声音。上海航运指数系列不仅成为反映市场行情的"晴雨表"，还被政府采信，进入国家统计局大数据平台；而以运价指数为结算标准的指数挂钩协议、指数衍生品交易更是创新了海运业定价、交易模式（表4-21）。

表4-21 上海航交所航运指数体系

序号	领域	名称	发布频率	简称	发布时间
1	集装箱	中国出口集装箱运价指数	每周五	CCFI	1998
2		上海出口集装箱运价指数	每周五	SCFI	2009
3		中国进口集装箱运价指数	每周五	CICFI	2015
4		台湾海峡两岸间集装箱运价指数	每周三	TWFI	2014
5		东南亚集装箱运价指数	每周五	SEAFI	2015
6		全球集装箱班轮准班率指数	每周五	GCSP	2019
7	干散货	中国沿海散货运价指数	每周五	CBFI	2001
8		中国沿海煤炭运价指数	每日	CBCFI	2011
9		中国沿海金属矿石运价指数	每周二、每周五	CBOFI	2018
10		中国沿海粮食运价指数	每周五	CBGFI	2018
11		中国沿海成品油运价指数	每周五	CCTFI	2017
12		中国进口干散货运价指数	每日	CDFI	2013
13		远东干散货指数	每日	FDI	2017
14		中国进口原油运价指数	每日	CTFI	2013
15	宏观	中国（上海）进口贸易海运指数	每月末	CSI	2018
16	"一带一路"航贸指数	"一带一路"贸易额指数	每月末	BRTI	2015
17		"一带一路"货运量指数	每月末	BRCI	2015
18		"海上丝绸之路"运价指数	每月末	SRFI	2015
19	船员	中国（上海）国际海员薪酬指数	每月末	CCRI	2017

序号	领域	名称	发布频率	简称	发布时间
20		上海船舶价格指数	每周三	SPI	2010
21		国际油轮船价综合指数	每周三	TPI	2010
22	船舶买卖	国际散货船价综合指数	每周三	BPI	2010
23		沿海散货船价综合指数	每周三	CBPI	2010
24		内河散货船价综合指数	每周三	IBPI	2010
25	港航企业	中国港航船企指数	每周五	CMEI	2011

1. 集装箱运价指数

上海航交所发布的集装箱运价指数主要包括 1998 年 4 月 13 日发布的 CCFI 以及 2005 年 12 月 7 日诞生、2009 年 10 月 16 日为了适应衍生品开发需要改革并推出的 SCFI。此外，还包括反映进口状况的 CICFI，以及反映地区之间运价水平的 TWFI 和 SEAFI（表 4-22 和表 4-23）。

表 4-22　中国进出口集装箱运价指数及上海出口集装箱运价指数

指数名称	发布频率	首发时间	二级指数/航线	指数编委会成员
CCFI	每周五	1998	日本航线（Japan Service）、欧洲航线（Europe Service）、美西航线（W/C Service）、美东航线（E/C Service）、韩国航线（Korea Service）、东南亚航线（Southeast Asia Service）、地中海航线（Mediterranean Service）、澳新航线（Australia/New Zealand Service）、南非航线（South America Service）、东西非航线（West East Africa Service）、波红航线（Persian Gulf/Red Sea Service）	法国达飞轮船（中国）有限公司、中远海运集装箱运输有限公司、中海集装箱运输有限公司、韩进海运（中国）有限公司、赫伯罗特船务（中国）有限公司、川崎汽船（中国）有限公司、马士基（中国）航运有限公司、商船三井（中国）有限公司、日本邮船（中国）有限公司、东方海外货柜航运（中国）有限公司、铁行渣华（中国）船务有限公司、太平船务（中国）有限公司、上海海华轮船有限公司、上海市锦江航运有限公司、中外运集装箱运输有限公司、新海丰船务有限公司
CICFI	每周五	2015	欧洲航线、地中海航线、美西航线、美东航线、澳新航线	

指数名称	发布频率	首发时间	二级指数/航线	指数编委会成员
SCFI	每周五	2009	欧洲（基本港：汉堡/鹿特丹/安特卫普/弗利克斯托/勒阿弗尔）、地中海（基本港：巴塞罗那/瓦伦西亚/热那亚/那不勒斯）、美西（基本港：洛杉矶/长滩/奥克兰）、美东（基本港：纽约/萨凡纳/诺福克/查尔斯顿）、波斯湾（迪拜）、澳新（墨尔本）、西非（拉各斯）、南非（德班）、南非（桑托斯）、日本关西（基本港：大阪/神户）、日本关东（基本港：东京/横滨）、东南亚（新加坡）、韩国（釜山）	1）班轮公司委员：法国达飞轮船（中国）有限公司、中远海运集装箱运输有限公司、中海集装箱运输股份有限公司、韩进海运（中国）有限公司、上海海华轮船有限公司、赫伯罗特船务（中国）有限公司、上海市锦江航运有限公司、川崎汽船（中国）有限公司、马士基（中国）航运有限公司、商船三井（中国）有限公司、日本邮船（中国）有限公司、东方海外货柜航运（中国）有限公司、太平船务（中国）有限公司、中外运集装箱运输有限公司、新海丰集装箱运输有限公司。2）货主货代委员：东方国际物流（集团）有限公司、利通物流有限公司、锦海捷亚国际货运有限公司、上港集团物流有限公司、上海东方欣宇国际物流有限公司、上海华星国际集装箱货运有限公司、上海锦昶物流有限公司、上海申达国际货运代理有限公司、上海新景程国际物流有限公司、上海旭富国际货运有限公司、上海全美物流有限公司、上海亚东国际货运有限公司、上海阳光物流有限公司、上海中远海运物流有限公司、中国外运华东有限公司

资料来源：上海航交所。

表 4-23　地区间集装箱运价指数

指数名称	发布频率	首发时间	二级指数/航线
TWFI	每周三	2014	1）出口成分指数：华东地区（上海）—台湾地区（基隆、台中、高雄）、东南地区（厦门、福州）—台湾地区（基隆、台中、高雄）、北方地区（天津、青岛）—台湾地区（基隆、台中、高雄）。 2）进口成分指数：台湾地区（基隆、台中、高雄）—华东地区（上海）、台湾地区（基隆、台中、高雄）—东南地区（厦门、福州）、台湾地区（基隆、台中、高雄）—北方地区（天津、青岛）
SEAFI	每周五	2015 试运行	新加坡、越南（胡志明港）、泰国（林查班）、菲律宾（马尼拉）、马来西亚（巴生）、印度尼西亚（雅加达）

资料来源：中信期货研究报告。

SCFI 是在 CCFI 基础上进行改进之后的指数，其波动性相对 CCFI 而言更大，且略微领先于 CCFI。这两个运价指数已经成为中国航运市场的重要观测指标，其影响力可以说仅次于 BDI。从 SCFI 指标名称及其统计来看，由于其专注于出口航运，同时考虑到该数据的公布频率要高于贸易数据的公布频率，因此一般认为它对于我国出口的形势具有指向性。

2. 干散货运价指数

上海航交所也拥有干散货运价指数。与波罗的海航交所的干散货运价指数比较类似，涉及国际航线的指数包括了 CDFI、远东干散货指数（Far East dry bulk index）和 CTFI。中国沿海散货运价指数（China coastal bulk freight index，CBFI）及其相关指数则主要反映国内沿海诸港之间的干散货及液体散货运价。上述两类运价指数是更能反映与中国相关的航运运价的波动情况，波罗的海散货运价指数体系的有效补充（表 4-24 ~ 表 4-27）。随着我国经济发展水平和贸易量的不断上升，上海航交所的散货运价指数的重要性将与日俱增。

3. 船舶价格指数

2010 年，上海航交所推出上海船舶价格指数，其可分为价格体系

表4-24　中国进口干散货运价指数及其子指数

指数/子指数	发布频率	首发时间	二级指数/航线（参考船型）
CDFI	日	2013	铁矿石运价指数、煤炭运价指数、粮食（大豆）运价指数、镍矿运价指数
铁矿石运价指数	日	2013	西澳大利亚丹皮尔—青岛（17万载重吨）、巴西图巴朗—青岛（17万载重吨）、南非萨尔达尼亚—青岛（17万载重吨）、澳大利亚杰拉尔顿—青岛（6万载重吨）
煤炭运价指数	日	2013	澳大利亚纽卡斯尔—舟山（13万载重吨）、澳大利亚海波因特—舟山（8.5万载重吨）、印度尼西亚三马林达—广州（7万载重吨）、印度尼西亚塔巴尼奥—广州（5万载重吨）、印度尼西亚塔巴尼奥—南通（4.5万载重吨）
粮食（大豆）运价指数	日	2013	巴西桑托斯—中国北方港口（6万载重吨）、美国塔科马—中国北方港口（6万载重吨）、美国湾区密西西比河—中国北方港口（6.6万载重吨）、美国湾区密西西比河—中国北方港口（5.5万载重吨）
镍矿运价指数	日	2013	菲律宾苏里高—日照（5万载重吨）

资料来源：上海航交所。

表4-25　远东干散货指数

指数	发布频率	首发时间	二级指数
FDI	日	2017	好望角型租金指数 巴拿马型租金指数 超灵便型租金指数

表4-26　远东干散货子指数

子指数	航线	合约类型	货量	货种/船型
好望角型租金指数	中国—日本/太平洋往返	航次期租	18万载重吨	好望角型
	澳大利亚丹皮尔—青岛	程租	17万载重吨	铁矿石
	巴西图巴朗—青岛	程租	17万载重吨	铁矿石
	南非萨尔达尼亚—青岛	程租	17万载重吨	铁矿石
	澳大利亚纽卡斯尔—舟山	程租	13万载重吨	煤炭

子指数	航线	合约类型	货量	货种/船型
巴拿马型租金指数	中国—日本/太平洋往返	航次期租	8.2万载重吨	卡萨姆型
	中国南方—印度尼西亚—韩国	航次期租	7.6万载重吨	巴拿马型
	澳大利亚海波因特—舟山	程租	8.5万载重吨	煤炭
	印度尼西亚三马林达—广州	程租	7万载重吨	煤炭
	澳大利亚杰拉尔顿—青岛	程租	6万载重吨	铁矿石
	巴西桑托斯—中国北方港口	程租	6万载重吨	粮食（大豆）
	美国塔科马—中国北方港口	程租	6万载重吨	粮食（大豆）
	美国湾区密西西比河—中国北方港口	程租	6.6万载重吨	粮食（大豆）
	美国湾区密西西比河—中国北方港口	程租	5.5万载重吨	粮食（大豆）
超灵便型租金指数	中国南方/印度尼西亚往返	航次期租	5.7万载重吨	超灵便型
	新加坡—印度尼西亚—中国南方	航次期租	5.7万载重吨	超灵便型
	中国渤海湾—东南亚	航次期租	5.7万载重吨	超灵便型
	印度尼西亚塔巴尼奥—广州	程租	5万载重吨	煤炭
	菲律宾苏里高—日照	程租	5万载重吨	镍矿
	印度尼西亚塔巴尼奥—南通	程租	4.5万载重吨	煤炭

资料来源：上海航交所。

表 4-27　中国沿海散货运价指数及其子指数

指数	发布频率	首发时间	二级指数/航线（参考船型）
CBFI	每周五	2001	CBCFI、CBGFI、CBOFI、CCTFI
CBCFI	日	2011	秦皇岛—广州（5万～6万载重吨，6万～7万载重吨）、秦皇岛—厦门（5万～6万载重吨）、秦皇岛—福州（3万～4万载重吨）、秦皇岛—上海（4万～5万载重吨）、黄骅—上海（3万～4万载重吨）、天津—上海（2万～3万载重吨）、京唐/曹妃甸—宁波（4万～5万载重吨）、秦皇岛—宁波（1.5万～2万载重吨）、秦皇岛—张家港（2万～3万载重吨，4万～5万载重吨）、天津—镇江（1万～1.5万载重吨，2万～3万载重吨）、秦皇岛—南京（3万～4万载重吨）
CBGFI	每周五	2018	大连/锦州—广州（2万～3万载重吨，5万～6万载重吨）、营口—深圳（4万～5万载重吨）、锦州—靖江（3万～4万载重吨）
CBOFI	每周二、每周五	2018	青岛/日照—张家港（2万～3万载重吨）、北仑—镇江（3万～4万载重吨）、舟山—张家港（0.5万～1万载重吨）

指数	发布频率	首发时间	二级指数/航线（参考船型）
CCTFI	每周五	2017	大连—广州（柴油）（15 000t）、大连—南京（柴油）（8 000t）、大连—上海（柴油）（5 000t）、大连—上海（柴油）（8 000t）、上海—广州（柴油）（15 000t）、上海—温州（柴油）（3 000t）、东营—广州（柴油）（6 000t）、惠州—上海（柴油）（7 000t）、泉州—南通（柴油）（5 000t）

资料来源：上海航交所。

与指数体系两部分。上海船舶价格指数由上海航交所独立编制，含 17 个典型船舶估价。交通运输部的《船舶交易管理规定》实施后，船舶从"场外交易"进入"场内交易"。上海航交所受交通运输部的委托，通过船舶交易信息平台接受各地船舶交易服务机构的船舶交易信息报送，定期汇总船舶交易信息和市场行情，其中核心信息为全国船舶买卖成交信息。在此基础上，上海航交所放弃了根据经纪人报送数据编制指数的传统方式，而是以全国报送的真实交易数据为基础，结合全球船舶买卖、新造船、废钢船的市场数据，生成典型船舶的交易估价，并据此生成上海船舶价格指数。上海船舶价格指数与国际上的波罗的海航交所船舶买卖指数（Baltic exchange sale & purchase assessments, BSPA）和克拉克森二手船价格指数相比，具有两个优势：一是更敏感，更能反映市场的波动；二是更具抗沉淀性，即便市场上没有成交纪录，该指数也可以根据历史成交数据和对市场的判断而继续运行。上海船舶价格指数将为国际国内船舶买卖提供价格参考指标，帮助中国的船舶交易在国际船舶买卖市场中取得更多的话语权。

4.4 欧洲能源交易所零碳运价指数体系

2021 年 7 月，EEX 推出了新的零碳运价指数（zero carbon freight index，ZCFI）。这一指数首次让干散货海运市场的参与者看到了碳排放成本如何影响货运价格。新的零碳运价指数计算了好望角型和巴拿马型船舶每日 FFA 期租费率的合成价格，并根据碳成本进行了调整。

EEX 首创信息产品计算干散货运价中碳的合成成本信息来自高流动性的 EEX 运价 FFA 市场，然后与 EEX 的欧洲碳排放 CFD 期货结合，创建一个每日"零碳 FFA"费率，反映 100% 的碳减排。

零碳运价指数将欧盟排放交易体系延伸至海上运输，统计了船东在欧盟港口的货运航行中产生的碳排放量。新的 EEX 零碳运价指数计算了好望角型和巴拿马型船舶的综合 FFA 期租费率，并对碳的理论成本进行了调整。对应好望角型或巴拿马型零碳运价指数计算方法为：经每个 FFA 月份合约的当日成交量为权重，计算得到当日的 FFA 的综合平均价格。接着，用对应船型的每日燃油消耗产生的碳排放量乘以欧洲碳排放 CFD 期货价格，得到对应船型每日的碳排放成本。最后，用当日的 FFA 的综合平均价格加上每日的碳排放成本就得到对应船型的零碳运价指数值。

$$ZCFI = \frac{\sum FFA\_Price \times FFA\_Volume}{\sum FFA\_Volume} + [(FC \times CCF) \times (EUA^{Dec} \times EURUSD)]$$

$$(4\text{-}1)$$

式中，FFA_Price 为 FFA 月份合约的价格；FFA_Volume 为 FFA 月份合约的成交量（表 4-28）。

表 4-28 EEX 零碳运价指数参数构成

参数	具体描述	单位	好望角型	巴拿马型
FFA	EEX 的 FFA 合约	美元/d	VMAP C5TC 航线品种	VWAP P5TC 航线品种
FC	燃油消费量	t/d	60	30
CCF	碳转换因子	tCO_2/t 重燃料油（HFO）	3.114	3.114
EUA^{Dec}	欧洲碳排放 CFD 期货 12 月合约	EUR/t	每日结算价	每日结算价
EURUSD	货币兑换	1 欧元/美元	欧洲中央银行	欧洲中央银行

资料来源：FFA 月份合约数据和欧洲碳排放 CFD 期货数据由 EEX 提供。燃料消耗量和碳转换因子基于国际海事组织（International Maritime Organization，IMO）的船舶燃料消耗数据库（MEPC 76/6/1）。欧元/美元数据来自欧洲中央银行。EEX 零碳运价指数目前只是一种信息产品，不能直接交易。价格公布在新加坡时间下午 12 点之前，清算所（目标 2）假期除外。

第 5 章 | 航运衍生品

航运业属于一个典型周期性行业。一直以来，由于信息不对称，航运市场的运价波动十分频繁且巨大，给诸如航运企业、贸易企业等市场参与者带来了巨大风险。为应对这一问题，航交所自 20 世纪 80 年代中期开始，就探索推出基于运价指数的航运衍生品，致力于帮助航运市场的利益相关方提供有效的风险管理工具。本节就航运衍生品发展的历史和主要交易所的航运衍生品进行深入系统总结，切实为我国组建国际航交所核心业务发展提供参考。

5.1　航运衍生品发展历史

由于干散货航运市场存在着巨大的运费波动风险，航运市场参与者纷纷试图寻求规避风险的办法。在波罗的海航运指数建立之前，传统风险规避手段是通过确定运费的长期包租合同或期租合同来减少自己所面临的市场风险。然而，这些传统方法大多不够灵活，缺乏可靠性并且并非随时可行。市场迫切需要一种新的规避运费风险的方法。无论是航运市场的需求还是供给都会受到自然环境、全球经济环境、地缘政治环境等共同因素的影响。因此，航运市场历来是一个充满无数风险的市场，而航运运价的波动和不确定性甚至超过股票与大宗商品。

面对这一局面，航运界对于运价风险管理的探索就从未停止过脚步。借鉴金融市场衍生品，创新推出航运衍生品，并使用金融衍生品技术不断推陈出新，使得航运衍生品进一步丰富。

航运衍生品是指以航运运力、运价相关指数作为交易标的，以期货、期权、远期协议和掉期（互换）等作为交易合约模式的金融工具。对于航运相关企业而言，航运衍生品是运价风险管理工具，有助于企业科学安排生产经营和制定战略规划。同时，市场合理运用航运衍生品工具将更好地服务航运业发展。

全球运价金融衍生品至今共出现三种形式：运价指数期货、运价远期合约和运价期权。

1. 运价指数期货

（1）干散货运价指数期货

1985 年，以 BFI 为交易标的的波罗的海运价指数期货在波罗的海国际运价期货交易所（Baltic International Freight Futures Exchange，BIFFEX）开展交易。BIFFEX 期货也成为全球航运史上第一个金融衍生产品。从此，运价衍生品市场正式步入高速发展时期（图 5-1）。

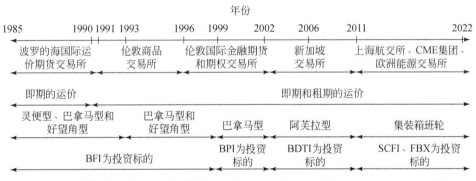

图 5-1　运价期货航线、船型、投资标以及上市交易所的变迁（1985～2022 年 4 月）

资料来源：根据公开资料整理

BIFFEX 期货自诞生以来，其交易标的随着 BIFFEX 对运价指数里的样本航线的调整而改变，同时航线里的船型也在不断变化。在诞生之初的 5 年时间里，样本航线只有即期运价，1990 年开始把期租航线加入到运价指数中。船型也从最初的灵便型、巴拿马型和好望角型三种向巴拿马型和好望角型（1993 年）两种，再向只有巴拿马型（1998 年）变化。随着船型的变化，BPI 替代了在 1999 年退出历史舞台的

BFI，成为新的投资标的。

BPI 期货是历史上第一个推出"无形"服务的期货产品，曾得到市场的追捧，但是随着时间的推移，该期货的不足越来越明显，交易量不断萎缩。1999 年 11 月后以 BPI 为投资标的的结算之后，交易量进一步下降。1999 年 12 月~2001 年 6 月，日平均成交量为 17 手，平均合约价值为 204 000 美元，该指数期货继续交易的意义已越来越小，且在2002 年下市停止交易。作为航运界第一个金融衍生品，该品种最终惨淡收场的原因有很多。第一，合约选择的标的导致套期保值效率低，BIFFEX 期货对于指数中特定航线的套期保值效率介入 4%~19.2%，明显低于其他商品和金融市场中的套期保值效率 70%~99%；第二，流动性不足；第三，缺乏充分的投资教育导致市场参与者不熟悉衍生品而不去使用；第四，市场上可替代产品 FFA 出现。

（2）集装箱运价指数期货

1950 年后，集装箱运输方式的诞生给原有的全球海运行业带来巨大变化。当前，全球集装箱航线主要包括四条，即泛太平洋航线、大西洋航线、远东欧洲航线及环球钟摆航线。集装箱运输业务涉及全球，各国政治、经济、文化及自然条件等因素的差异导致集装箱运价存在差别。外部市场环境的不确定性致使集装箱运价波动较大，为了尽可能地降低不确定性风险造成的集装箱业务收益损失，航运企业和相关货主越来越倾向于使用集装箱衍生产品和服务。

由于我国是全球集装箱运输第一大国，为更好服务船东和广大进出口企业的集装箱运价风险管理，我国上海航交所、上海市虹口区国有资产经营有限公司等单位于 2011 年 3 月发起成立了上海航运运价交易有限公司，同年 6 月开发出了首个场内的集装箱运价指数期货。此交易通过公开、透明、公平的方式进行电子集中交易，主要是针对上海至欧洲、美西这两条航线。在此交易形式下，集装箱运价指数期货交易量达 180 万手，交易额超 150 亿元。与场外的远期交易方式相比，场内的期货交易的优势主要体现在以下几个方面：①场内交易具有更强的资金流动性和更多的参与者；②在场内交易中，交易主体所承担的风险更小，相应地，所获取的收益也会减少。

2011 年底，国务院发布了《国务院关于清理整顿各类交易场所切实防范金融风险的决定》，指出"除依法设立的证券交易所或国务院批准的从事金融产品交易的交易场所外，任何交易场所均不得将任何权益拆分为均等份额公开发行，不得采取集中竞价、做市商等集中交易方式进行交易"。由于上海航交所性质属于地方性交易所，因此2013 年底，上海航交所将集装箱运价指数期货场内交易模式改为非连续性协议场外交易模式，该系列措施在很大程度上限制了市场规模的扩大和市场功能的发挥。此后，集装箱运价指数期货交易量和活跃程度显著下降，直到如今。

最近几年，尤其是 2020 年以来，受中美贸易战、新冠肺炎疫情冲击、俄乌战争等影响，全球集装箱运价的波动性非常剧烈，而市场风险的很大一部分除了来源于运价波动以外，还产生于交易双方的违约。2022 年 2 月底，CME 集团旗下纽约交易所推出了 FBX 集装箱运价指数期货，但是上市之初市场交易仍不是很活跃。

2. 运价远期合约

FFA 是交易双方约定在未来某一时点，就事先约定的运价与波罗的海航交所发布的指数价格的差额进行现金结算。FFA 中规定了特定的航线和数量等。

（1）FFA 的发展历程

FFA 最早由美国领先的航运服务提供者——克拉克森集团旗下的克拉克森证券在 1989 年推向市场。1992 年，由欧洲两家著名船运公司（Bocimar 和 Burwain）签订了全球第一个干散货的运价远期合约。1994 年，第一个油轮运价远期合约以伦敦油轮经纪协会提供的平均运费率的报价为标的，由美国嘉吉公司和英国石油公司（BP）签订。2001 年 11 月，成立于奥斯陆的国际海运交易所（International Maritime Exchange，IMAREX）首次出现由挪威期货和期权结算所（NOS）结算的运价远期合约。时隔 4 年的 2005 年 6 月，国际海运交易所再次联合挪威期货和期权结算所推出运价远期认购和认沽的期权。2011 年，波罗的海航交所启动 FFA 的中央电子交易系统 BALTEX，同年新交所也推出类似的电子交易系统。

（2）FFA 的产品类别

运价远期合约产品主要分为场内交易和场外交易。FFA 刚开始时是场外产品，主要是通过经纪人在买家和卖家之间相互协商。场外交易的合约文本主要是由运价远期合约经纪商协会（Forward Freight Agreement Brokers Association，FFABA）制定的，并以此为标准。产品类别包括所有的干货（湿货）的特定航线和其他样本航线构成的一篮子运价指数远期合约，包括场内交易的品种；天然气运输的运费远期合约；集装箱运输的运价远期合约。直到 2001 年，运价远期在国际海运交易所（International Maritime Exchange，IMAREX）上市交易，并由挪威期货和期权结算所（Norwegian Futures and Options Clearing House，NOS）提供结算服务之后，才有了成为标准化合约的运价期货合约的场内交易。上市产品除了场内撮合的交易合约，还有一些结算所提供结算的场外合约。

2013 年，波罗的海航交所在我国推出了人民币 FFA，为广大国内的航运、贸易及相关企业管理和规避运费波动的风险提供了行之有效的手段与简单便捷的工具。人民币 FFA 以波罗的海交易所发布的干散货系列指数为结算依据，交易双方通过人民币 FFA 经纪公司达成交易，采用人民币计价和结算，由银行间市场清算所股份有限公司（简称上海清算所）提供中央对手清算。目前，共推出 3 种人民币 FFA 协议，分别是好望角型期租平均（CTC）、巴拿马型期租平均（PTC）、超灵便型期租平均（STC），共有 6 家人民币 FFA 经纪公司为投资者提供交易经纪服务。清算会员主要是上海浦东发展银行，为人民币 FFA 投资者提供代理清算服务。人民币 FFA 从本质上来说是一种远期运费风险管理工具，具备套期保值和价格发现的功能，能够帮助企业规避和管理面临的远期运费风险。具体来说，船东或货主在现货市场进行船舶租赁交易的同时，可在人民币 FFA 市场买入反向协议，以此来锁定收益或成本。产品上线以来，已经吸引了越来越多的航运企业、贸易商、大宗商品采购商（如钢厂、电厂、水泥厂）以及各类专业投资机构的关注。

需要指出的是，集装箱运价 FFA 发展较滞后。集装箱运费衍生品协会（Container Freight Derivatives Association，CFDA）于 2010 年成立之初，就创新开发了场外的集装箱运价指数远期交易。明确了标的指数、交易方式、规则等。随后，伦敦和新交所也上市了场外的集装箱运价指数期货结算业务，其中，新交所还提供了由上海分别至地中海、欧洲、美国东岸以及美国西岸这四条集装箱航线的运价指数远期交易结算业务。

CFDA 所推出的场外的集装箱运价指数远期业务与针对干散货和油轮市场场外的 FFA 有很强的相似性，具体表现为，交易双方先在航线、货运量及价格等方面达成一致，并且约定在某一时间收取或支付集装箱运价指数和在合约中规定的运费之间的差额，实际的航线和仓位不会算在其中，且均以现金形式进行结算。

纵观场外集装箱运价远期业务的总体交易情况，虽然 CFDA 及相关方给予了大力支持，但全球场外的集装箱运价指数远期业务的成交量并未达到理想的预期，且增速缓慢。上述现实情况的成因主要包括以下方面：①集装箱班轮公司的中立态度。当前，大多集装箱班轮公司仍对场外的集装箱运价指数远期交易持保留态度，很少有企业会主动参与其中。②运价衍生品不占主导地位。在集装箱航运市场上，班轮公司和货主公司大多通过签订长期协议来进行交易，这也会提前锁定收入（成本），交易双方对衍生产品的需求并不急切，因此，集装箱运价指数远期业务在较短时期内仍无法改变当前困局。③产品普及度较差。在全球范围内，期货市场的影响力远远不如股票市场。大多班轮公司和货主对场外的集装箱运价指数远期产品感到十分陌生，无论是市场意识、操作水平还是交易群体都不太成熟。

（3）FFA 产品的优点

市场上可替代产品的出现也是运价指数期货最终下市的重要因素之一，而这一可替代产品就是运价远期合约。

运价远期合约之所以可以最终替代运价指数期货，是因为 FFA 类产品有很多优点。例如，便于交易的企业进行风险管理和控制，获得稳定的现金流；交易合约可以延续到 3 年以后；在最后交割日前可以自由买卖，方便快捷；具有强大的价格发现功能，引导现货的运输市场；是一个完全的金融衍生产品，不涉及实际的运力和船的交割，并能对自身的实物资产进行控制；操作简单，交易省时便利；不必像即期船市场交易那样双方反复讨价还价，也不存在即期市场般的转租情况；流动性很好等。此外，场外交易的运费远期可以依据交易方的要求对合约进行量身定做，对于不同的船型、航线、交易的船吨位和结算日的选择等更加弹性方便。

更重要的一点是，FFA 可以就波罗的海运价指数构成中一个特定航线的运价波动风险进行套期保值，因此相比运价期货，这种远期合约能更有效和更有针对性地对冲运费风险。

不同于运价指数期货，FFA 自推出以来一直交易至今，是目前全球成交最活跃、市场认可度最高的航运金融衍生品。2018 年 FFA 成交总量增加，其中，油轮市场的货运衍生成交量增加了 20%，达到321 962 手；干散货市场的成交量增加了 1.4%，至 1 196 929 手，是自2008 年以来最强劲的表现。

3. 运价期权

运价期权是亚式期权，即期权的执行价格是合约存续期间航线运价（运价指数）的平均价格。存续期一般是指运价期权合约生效日至到期日之间的时间。而远期生效的亚式选择权的执行价格是合约生效日后的某一时点开始至到期日的平均标的价格（或者到期前某一时段的平均价格为执行价格）。确切地说，运价期权实质上是远期生效亚式期权，采取这种形式的好处有：防止人为短期操纵而产生不合理的价格；如果运价指数能在一定的时期内平均稳定在某一价位上，那么参与者的规避风险的损益可以不受运费指数的起伏而有异常的波动。

2004 年海运价格大起大落的牛市不仅带动了 FFA 交易的火爆，还催生了更高级的运费期权产品的出现。2005 年 6 月，奥斯陆国际海运交易所联合挪威期货和期权结算所推出流动性最大的湿货运价远期 TD3 和 TC2 的认购和认沽的亚式期权。同时推出了世界上第一个干散货运价远期 PM4TC 的期权合约，因为巴拿马型船运费价格经常会出现幅度达 60% 的波动，所以新的运价期权合约针对巴拿马型船。

2018 年，干散货期权成交量增加了 44%，至 268 976 手，达到 2016 年的水平。其中，巴拿马型船的成交量增加了 65%，达到 82 987 手，占所有行业的近 1/3（31%）；海岬型船的成交量增加了 37%，达到 182 575 手，占 68%；超灵便型船股价在 2017 年水平上下跌了 3.5%，占 1%。2019 年 1 月 2 日干散货持仓量为 207 891 手，比 2018 年 1 月 2 日增加 25%。干散货期权未平仓合约在 2019 年 1 月 2 日开盘 185 724 手，较 2018 年 1 月 2 日上涨 57%。

5.2　主要交易所的航运衍生品

自 1985 年以来，全球相关交易所纷纷涉及航运衍生品业务，为全球海运市场的运价风险管理提供了有效工具。其中，奥斯陆国际海运交易所、CME 集团的纽约交易所、新交所、欧洲能源交易所、上海航交所等纷纷推出了自身较有特点航运衍生品。

5.2.1　奥斯陆国际海运交易所航运衍生品

奥斯陆国际海运交易所是最早推出的运价衍生品的交易所。其最经典的衍生品为干散货运价指数期货。具体见表 5-1 ~ 表 5-3。

5.2.2　新加坡证券交易所航运衍生品

新交所 2016 年收购波罗的海航交所，航运衍生品业务得到较大发展。新交所干散货不同类型掉期/期货的合约规格见表 5-4 ~ 表 5-6。

表5-1 奥斯陆国际海运交易所上市交易合约的标的指数及航线一览表

标的物			航线：船型，数量	上市标的指数所属交易所	备注
干货	单条航线	程租	211：C4，好望角型，理查德湾—鹿特丹，15万载重吨	波罗的海航交所	
			212：C7，好望角型，玻利维亚—鹿特丹，15万载重吨	波罗的海航交所	
		短租	241：P2A，巴拿马型，期租，直布罗陀—远东	波罗的海航交所	
			242：P3A，巴拿马型，期租，韩国—日本（环太平洋航线）	波罗的海航交所	航交量最大
	一篮子航线		220：CS4TC，好望角型，期租平均	波罗的海航交所	
			250：PM4TC，巴拿马型，期租平均	波罗的海航交所	交易量最大
			290：SM5TC，超灵便性，期租平均	波罗的海航交所	
油轮-原油	单条航线		101：TD7，阿芙拉型，北海—欧洲大陆，8万载重吨	波罗的海航交所	
			102：TD9，阿芙拉型，加勒比海—美国墨西哥湾，7万载重吨	波罗的海航交所	
			103：TD5，苏伊士型，西非—北美，13万载重吨	波罗的海航交所	
			104：TD3，巨型，海湾—日本，26万载重吨	波罗的海航交所	交易量最大
			105：TD4，巨型，西非—美湾，26万载重吨	波罗的海航交所	
			106：TD12，巴拿马型，欧洲西北岸—美湾，5.5万载重吨	波罗的海航交所	
			107：TD8，阿芙拉型，科威特-新加坡，8万载重吨	波罗的海航交所	
油轮-成品油	单条航线		151：TC4，MR型，新加坡—日本，3万载重吨	普氏能源资讯	
			152：TC2，MR型，欧洲大陆—美国东部，3.3万载重吨	波罗的海航交所	交易量最大
			153：TC1，LR2型，海湾—日本，7.5万载重吨	普氏能源资讯	
			154：TC5，LR1型，海湾—日本，5.5万载重吨	普氏能源资讯	
			155：TC6，MR型，阿尔及利亚—地中海，3万载重吨	波罗的海航交所	

注：C4和C7是BCI中某条特定航线运价；P2A和P3A是BPI中某条航线运价；CS4TC是BCI中四条期租航线的一篮子指数运价；PM4TC是BPI中四条期租航线的一篮子指数运价；SM5TC是BSI中五条期租航线构成的一篮子指数运价；TD为TankerDirty（油轮）的缩写，TC为TankerClean（成品油油轮）的缩写。

表5-2　波罗的海航交所报价的干散货 FFA 品种

船型	航线	吨位
好望角型	C3 图巴朗/北仑+宝山	15 万载重吨
	C4 理查德湾/鹿特丹	15 万载重吨
	C5 西澳大利亚/北仑/宝山	15 万载重吨
	C7 玻利瓦尔港/鹿特丹	15 万载重吨
	BCI 期租平均	4 条期租航线平均
巴拿马型	P2A 直布罗陀/远东环线	7.4 万载重吨
	P3A 日本—韩国/北太平洋	7.4 万载重吨
	BCI 期租平均	4 条期租航线平均
超灵便型	BPI 期租平均	5 条期租航线平均
灵便型	BHSI 期租平均	6 条期租航线平均

注：FFA 主要包括 3 类航线：一是程租航线，即 C3（15 万载重吨铁矿石图巴朗/北仑+宝山）、C4（15 万载重吨煤炭理查德湾/鹿特丹）、C5（15 万载重吨铁矿石西澳大利亚/北仑/宝山）、C7（15 万载重吨煤炭玻利瓦尔港/鹿特丹）等。二是航次期租，即 P2A（7.4 万载重吨直布罗陀/远东环线）、P3A（7.4 万载重吨日本—韩国/北太平洋）等。三是期租航线，即好望角型船 4 条期租航线平均租金（C8/C9/C10/C11）、巴拿马船 4 条期租航线平均租金（P1A/P2/P3A/P4）、超灵便型船 5 条期租航线平均租金（S1A/S1B/S2/S3/S4）和灵便型船 6 条期租航线平均租金（HS1/HS2/HS3/HS4/HS5/HS6）。FFA 清算业务主要在伦敦结算所（London Clearing House，LCH）、新交所、挪威期货和期权结算所和美国纽约商业交易所（New York Mercantile Exchange，NYMEX）等进行。

表5-3　FFA 合约结算方式和单位

航线	结算价格计算方式	结算单位
C3	七日平均价格	1000t
C3	七日平均价格	1000t
C5	七日平均价格	1000t
C7	七日平均价格	1000t
C4 M	月度平均价格	1000t
C7 M	月度平均价格	1000t
BCI 4TC	月度平均价格	1 天
P2A	七日平均价格	1 天
P3A	七日平均价格	1 天
BPI 4TC	月度平均价格	1 天
BSI 6TC	月度平均价格	1 天
BHSI 6TC	月度平均价格	1 天

表 5-4 新交所干散货运输航线掉期/期货的合约规格

产品	好望角型船航线C7	好望角型船航线C7	好望角型船航线C5	好望角型船航线C5	巴拿马型船航线P2E	巴拿马型船航线P2E	巴拿马型船航线P2A	巴拿马型船航线P2A	巴拿马型船航线P3A	巴拿马型船航线P3A
类型	FFA掉期	C7期货	C5 FFA掉期	C5期货	P2E FFA掉期	P2E期货	P2A FFA掉期	P2A期货	P3A FFA掉期	P3A期货
合约大小	1000t	1000t	1000t	1000t	1天	1天	1天	1天	1天	1天
最低波动价位	0.01 美元/t	0.01 美元/t	0.01 美元/t	0.01 美元/t	1.00 美元/天	1.00 美元/天	1.00 美元/天	1.00 美元/天	1.00 美元/天	1.00 美元/天
合约月份	从现月开始，最多连续48个月。在12个月到期后可追加12个连续月份	从现月开始，最多连续48个月。在12个月到期后可追加12个连续月份	从现月开始，最多连续24个月。在12个月到期后可追加12个连续月份	从现月开始，最多连续24个月。在12个月到期后可追加12个连续月份	从现月开始，最多连续48个月。在12个月到期后可追加12个连续月份	从现月开始，最多连续48个月。在12个月到期后可追加12个连续月份	从现月开始，最多连续48个月。在12个月到期后可追加12个连续月份	从现月开始，最多连续48个月。在12个月到期后可追加12个连续月份	从现月开始，最多连续48个月。在12个月到期后可追加12个连续月份	从现月开始，最多连续48个月。在12个月到期后可追加12个连续月份
报价	美元/t	美元/t	美元/t	美元/t	美元/d	美元/d	美元/d	美元/d	美元/d	美元/d
最小变动价位	10 美元	10 美元	10 美元	10 美元	1 美元	1 美元	1 美元	1 美元	1 美元	1 美元
最后交易日	标的指数的最后公布日									
每日价格涨跌幅限制	N. A.									
交付价格/最终结算价格	相关标的产品在合约月份的所有月份的海每日现货评估的算术平均				相关标的产品在合约月份的最近7天波罗的海每日现货评估的算术平均					
持仓责任/持仓限制	在单边市场以及合计的全部合约月份内，投资者持有或控制的交易所交易和/或清算所接受清算的相同标的的相关运费掉期、期权及任何其他产品总计不得超过相当于1000手合约									
洽商大型交易	N. A.	2手	2手	2手	2手	2手	N. A.	2手	N. A.	2手

表 5-5 新交所干散货定期租船一篮子掉期/期货的合约规格

产品	新交所好望角型船定期租船（4条航线）一篮子FFA	新交所好望角型船定期租船（4条航线）一篮子期货	新交所好望角型船定期租船（5条航线）一篮子FFA	新交所好望角型船定期租船（5条航线）一篮子期货	新交所巴拿马型船定期租船一篮子FFA	新交所巴拿马型船定期租船平均期货	新交所超灵便型船定期租船（6条航线）一篮子FFA	新交所超灵便型船定期租船（6条航线）一篮子期货	新交所灵便型船定期租船一篮子FFA	新交所超灵便型船定期租船（10条航线）一篮子FFA	新交所超灵便型船定期租船（10条航线）平均期货	新交所灵便型航船定期租船平均期货
类型	掉期	期货	掉期	期货	掉期	期货	掉期	期货	掉期	掉期	期货	期货
合约大小	1天											
最低波动价位	1.00美元/d											
合约月份	最长6个日历年。在12月到期后可追加12个连续月份											
报价	美元/d											
最小变动价位	1美元											
最后交易日	N.A.											
每日价格涨跌偏限	合约月份内波罗的海定期租船平均参考价格的最后公布日											
支付价格/最终结算价格	相关标的的产品在合约月份内的全部合计的全部合约 ｜ 相关标的产品在合约月份的所有波罗的海每日现货评估的算术平均，四舍五入到小数点后一位											
持仓责任/持仓限制	在单边市场以及合计的全部合约月份内，投资者持有或控制的交易所交易和/或清算所接受清算的相同标的的相关运费掉期、期权及任何其他产品总计不得超过相当于2000手全天合约 ｜ 在单边市场以及合计的全部合约月份内，投资者持有或控制的交易所交易和/或清算所接受清算的相同标的的相关运费掉期、期权及任何其他产品总计不得超过相当于4000手全天合约											
洽商大型交易	N.A.	N.A.	5手	5手	5手	5手	5手	5手	N.A.	N.A.	5手	5手

表5-6 新加坡航交所干散货定期租船—篮子掉期/期货期权的合约规格

产品	新交所好望型船定期租船(5条航线)一篮子FFA期权	新交所好望型船定期租船(5条航线)一篮子月期货期权	新交所超灵便型船定期租船(6条航线)一篮子FFA期权	新交所超灵便型船定期租船(6条航线)一篮子期货期权	新交所便便型船定期租船一篮子掉期期货期权	新交所便便型船定期租船平均期货期权	新交所巴拿马型船定期租船一篮子FFA期货	新交所巴拿马型船定期租船平均期货期权	新交所望角型船定期租船(4条航线)一篮子FFA期权	新交所望角型船定期租船(4条航线)一篮子期货期权	新交所超灵便型船定期租船(10条航线)一篮子FFA期权	新交所超灵便型船定期租船(10条航线)平均期货期权
类型	期权	期权	期权	期权	期权	期权	期货	期权	期权	期权	期权	期权
合约大小	1天	1天	1天	1天	1天	1天	1天	1天	1天	1天	1天	1天
最低波动价位	0.01美元/手	0.01美元/手	0.01美元/手	0.01美元/手	0.01美元/手	0.01美元/手	0.01美元/手	0.01美元/手	0.01美元/手	0.01美元/手	0.01美元/批次	0.01美元/批次
合约月份					最长5个月历年	最长5个日历年。在12月到期后可追加12个连续月份						
报价	美元/d	美元/d	美元/d	美元/d	美元/d	美元/d	美元/d	美元/d	美元/d	美元/d	美元/d	美元/d
最小变动价位	0.01美元	1美元	1美元	1美元	1美元	1美元	1美元	1美元	1美元	1美元	1美元	1美元
最后交易日					标的掉期合约到期月份的最后交易日							
每日价格涨跌幅限	N.A.	N.A.	N.A.	N.A.	N.A.	N.A.	N.A.	N.A.	N.A.	N.A.	N.A.	N.A.
持仓责任/持仓限制	在单边市场以及合计的全部合约月份内，投资者持有或控制的交易所接受清算的相关同标的相关运费掉期、期权及任何其他产品总计不得超过于2000手全天合约		4000手全天合约	2000手全天合约	在单边市场以及合计的全部合约月份内，投资者持有或控制的交易所接受清算和/或清算费掉期、期权及任何其他同标的相关产品总计不得超过相当于4000手全天合约		4000手全天合约		在单边市场以及合计的全部合约月份内，投资者持有或控制的交易所和/或清算费和期权、期权及任何其他产品总计不得超过相当于2000手全天合约		4000手全天合约	
洽商大宗交易	N.A.	5手	N.A.	5手	5手	5手	5手	5手	5手	N.A.	N.A.	5手

5.2.3 欧洲能源交易所航运衍生品

EEX 自 2016 年开发航运衍生品。其虽起步较晚，但通过兼并方式，业务规模实现对传统航交所的超越，跃居全球第一大航运衍生品交易所。2019 年全球航运衍生品清算场所的衍生品市场交易量较 2018 年增长了 12%，同期 EEX 航运衍生品交易量增长超过 200%，并在 2020 年持续增长。2020 年 EEX 收购纳斯达克期货公司（Nasdaq Futures，Inc.，NFX）（约占整个 NFX 货运投资组合的 90%），成功地将 14.4 万张未平仓合约成功转移到 ECC。截至 2020 年 5 月，EEX 未平仓合约在整个航运市场（期货和期权）中的市场份额为 54%。EEX 在 2021 年 5 月持仓量达到 29.9 万手（53.7%），其次是期货（57%）和期权（49.4%）（图 5-2）。目前，EEX 交易所航运衍生品产品包括干散货期租一篮子期货、干散货程租一篮子期货以及干散货环线期货以及干散货期租一篮子期权（表 5-7 ~ 表 5-9）。

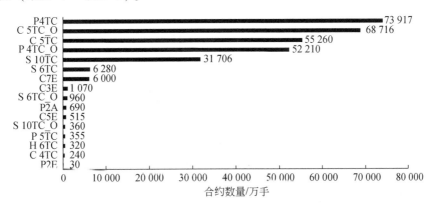

图 5-2　2021 年 EEX 航运衍生品未平仓合约数量

左轴表示标的航线期货和期权

表 5-7　EEX 主要航运衍生品品种

品种名称	最小交易	单位	期货/期权
EEX 波罗的海航交所好望角型 C3 航线运价期货	1000	t	期货
EEX 波罗的海航交所好望角型 C4 航线运价期货	1000	t	期货

品种名称	最小交易	单位	期货/期权
EEX 波罗的海航交所好望角型 C5 航线运价期货	1000	t	期货
EEX 波罗的海航交所好望角型 C7 航线运价期货	1000	t	期货
EEX 波罗的海航交所好望角型 4TC 航线运价期权	1	日	期货
EEX 波罗的海航交所好望角型 4TC 航线运价期货	1	日	期权
EEX 波罗的海航交所好望角型 5TC 航线运价期货	1	日	期货
EEX 波罗的海航交所好望角型 5TC 航线运价期货期权	1	日	期权
EEX 波罗的海航交所灵便型 6TC 航线运价期货	1	日	期货
EEX 波罗的海航交所灵便型 6TC 航线运价期货期权	1	日	期权
EEX 波罗的海航交所巴拿马 4TC 航线运价期货	1	日	期货
EEX 波罗的海航交所巴拿马型 4TC 航线运价期货期权	1	日	期权
EEX 波罗的海航交所巴拿马型 5TC 航线运价期货	1	日	期货
EEX 波罗的海航交所巴拿马型 5TC 航线运价期货期权	1	日	期权
EEX 波罗的海航交所超灵便型 10TC 航线运价期货	1	日	期货
EEX 波罗的海航交所超灵便型 10TC 航线运价期货期权	1	日	期权
EEX 波罗的海航交所超灵便型 6TC 航线运价期货	1	日	期货
EEX 波罗的海航交所超灵便型 6TC 航线运价期货期权	1	日	期权
EEX 波罗的海航交所巴拿马型 TA P1A 航线运价期货	1	日	期货
EEX 波罗的海航交所巴拿马型远东 P2A 航线期货	1	日	期货
EEX 波罗的海航交所巴拿马型太平洋 P3A 航线期货	1	日	期货
EEX 波罗的海航交所巴拿马型 TA P1E 运价期货	1	日	期货
EEX 波罗的海航交所巴拿马型远东 P2E 航线期货	1	日	期货
EEX 波罗的海航交所巴拿马型太平洋 P3E 航线期货	1	日	期货

表 5-8　EEX 航运期权合约基本要素

航线描述	CPT、PTC、STC、SPT、P5TC、H7TC；P1A、P2A、P3A、P1E、P2E、P3E
合约规模	1 天
最小报价	0.01 美元
自动执行	实值期权自动执行
结算方式	期权根据对应的执行价格计算后获得相应的远期头寸
合约系列	CPT、PTC、STC、SPT、P5TC：月度，季度，日历年，最长为 72 个月

表 5-9　EEX 航运期货合约基本要素

航线描述	CPT、PTC、STC、SPT、P5TC、H7TC；P1A、P2A、P3A、P1E、P2E、P3E	C3E、C5E、C7E
合约规模	1 天	1000t
最小报价	1 美元	0.01 美元
最终结算价	标的为波罗的海航交所航线价格每日收盘同步变动。 所有产品的最终结算价为波罗的海航交所的航线到期月份的现货航线价格平均值。 但是，P1A、P2A、P3A 的结算价为：波罗的海航交所的航线到期月份最后 7 个交易日的现货航线价格平均值	
合约系列	CPT、PTC、STC、SPT、P5TC：月度，季度，日历年，最长为 72 个月。C3E、C5E、C7E、P1A、P2A、P3A、P1E、P2E、P3E：月度，季度，日历年，最长为 36 个月	
结算方式	每月到期合约最后交易日英国 13：00	

5.2.4　纽约商品交易所航运衍生品

CME 集团旗下纽约商品交易所也开发了一系列航运衍生品，具体见表 5-10 ~ 表 5-12。

表 5-10　纽约商品交易所 CME 的航运期货主要品种

序号	代码	标的期货	运价类型
1	TCC	波罗的海航交所好望角型期租运价期货	干散货
2	DFX	波罗的海航交所每日 TC12 FFA WCI 航线迷你运价期货	湿货
3	DFY	波罗的海航交所每日 TC14 FFA 航线迷你运价期货	湿货
4	DFS	波罗的海航交所每日 TC2 FFA 航线迷你运价期货	湿货
5	DFT	普氏能源资讯每日 TC5 FFA 航线迷你运价期货	湿货
6	DFU	波罗的海航交所每日 TC6 FFA 航线迷你运价期货	湿货
7	WDA	波罗的海航交所每日 TD19 FFA 航线迷你运价期货	湿货
8	DFQ	波罗的海航交所每日 TD20 FFA 航线迷你运价期货	湿货
9	DFN	波罗的海航交所每日 TD3C FFA 航线迷你运价期货	湿货
10	DFO	波罗的海航交所每日 TD7 FFA 航线迷你运价期货	湿货
11	DFP	波罗的海航交所每日 TD8 FFA 航线迷你运价期货	湿货

续表

序号	代码	标的期货	运价类型
12	WDB	波罗的海航交所每日 TD9 FFA 航线迷你运价期货	湿货
13	JFG	普氏能源资讯原油 FFA—英国—欧洲航线运价期货	湿货
14	WDD	普氏能源资讯原油 FFA—美西—中国航线运价期货	湿货
15	DUS	普氏能源资讯原油 FFA—美西—中国—巴尔默航线运价期货	湿货
16	DFD	普氏能源资讯原油 FFA—美西—中国航线迷你运价期货	湿货
17	DUR	普氏能源资讯原油 FFA 美西—英国—巴尔默航线运价期货	湿货
18	DFC	普氏能源资讯原油 FFA 美西—英国航线迷你运价期货	湿货
19	WDE	普氏能源资讯原油 FFA 美西—英国航线运价期货	湿货
20	TCH	波罗的海航交所灵便型期租运价期货	干散货
21	WAV	波罗的海航交所 LPG（BLPG）FFA 中东—东亚巴尔默航线运价期货	湿货
22	WAT	波罗的海航交所 LPG（BLPG）FFA 中东—东亚航线运价期货	湿货
23	WFA	波罗的海航交所 LPG（BLPG3）FFA 航线运价期货	湿货
24	TCP	波罗的海航交所巴拿马型期租运价期货	干散货
25	TCS	波罗的海航交所超灵便型期租运价期货	干散货
26	TCK	波罗的海航交所 TC12 FFA WCI 日本—巴尔默航线运价期货	湿货
27	TCN	波罗的海航交所 TC12 FFA WCI 航线运价期货	湿货
28	WNW	波罗的海航交所 TC14 FFA 美西—欧洲—巴尔默航线运价期货	湿货
29	WCN	波罗的海航交所 TC14 FFA 美西—欧洲航线运价期货	湿货
30	TCL	波罗的海航交所 TC15 FFA 地中海—中东—巴尔默航线运价期货	湿货
31	TCM	波罗的海航交所 TC15 FFA 地中海—中东航线运价期货	湿货
32	JFF	波罗的海航交所 TC17 FFA 航线运价期货	湿货
33	WFB	波罗的海航交所 TC18 FFA 航线运价期货	湿货
34	TCD	波罗的海航交所 TC2 37 FFA 航线运价期货	湿货
35	WNT	波罗的海航交所 TC2 FFA 西北欧洲—美东—巴尔默航线运价期货	湿货
36	WNU	波罗的海航交所 TC2 FFA 西北欧洲—美东航线运价期货	湿货
37	WNX	普氏能源资讯 TC5 FFA 阿拉伯湾—日本—巴尔默航线运价期货	湿货
38	WMJ	普氏能源资讯 TC5 FFA 航线运价期货	湿货

序号	代码	标的期货	运价类型
39	WNZ	波罗的海航交所 TC6 FFA 斯基克达—拉维拉（横跨地中海）—巴尔默航线运价期货	湿货
40	WSL	波罗的海航交所 TC6 FFA 斯基克达—拉维拉（横跨地中海）航线运价期货	湿货
41	TC8	波罗的海航交所 TC7 FFA 新加坡—东澳大利亚—巴尔默航线运价期货	湿货
42	TC7	波罗的海航交所 TC7 FFA 新加坡—东澳大利亚航线运价期货	湿货
43	TC9	波罗的海航交所 TC9 FFA 巴尔干—英国航线运价期货	湿货
44	TCJ	波罗的海航交所 TC9 FFA 巴尔干—英国—巴尔默航线运价期货	湿货
45	BAU	波罗的海航交所 TD17 FFA 航线运价期货	湿货
46	WCL	波罗的海航交所 TD19 航线运价期货	湿货
47	TDA	波罗的海航交所 TD20 FFA 西非—英国—巴尔默航线运价期货	湿货
48	WAC	波罗的海航交所 TD20 西非—英国航线运价期货	湿货
49	WF3	波罗的海航交所 TD22 FFA—美国墨西哥湾—中国—巴尔默航线运价期货	湿货
50	WF2	波罗的海航交所 TD22 FFA—美国墨西哥湾—中国航线运价期货	湿货
51	TDM	波罗的海航交所 TD3C FFA 中东—中国—巴尔默航线运价期货	湿货
52	TDL	波罗的海航交所 TD3C FFA 中东—中国航线运价期货	湿货
53	WNC	波罗的海航交所 TD7 FFA 航线运价期货	湿货
54	TDR	波罗的海航交所 TD8 FFA 航线运价期货	湿货
55	TDK	波罗的海航交所 TD8 FFA 航线运价期货	湿货
56	WDC	波罗的海航交所 TD9 FFA 航线运价期货	湿货

表 5-11 纽约商品交易所 CME 的航运期权主要品种

序号	代码	期权	运费类型
1	WCN	波罗的海航交所 TC14 FFA 美西—欧洲航线平均价格期权	湿货
2	WNU	波罗的海航交所 TC2 FFA 北欧—美东航线平均价格期权	湿货
3	WMJ	普氏能源资讯 TC5 FFA 阿拉伯湾—日本航线平均价格期权	湿货
4	WSL	波罗的海航交所 TC6 FFA 斯基克达—拉维拉（横跨地中海）航线平均价格期权	湿货
5	TDL	波罗的海航交所 TD3C FFA 中东—中国航线平均价格期权	湿货
6	WNC	波罗的海航交所 TD7 FFA 英国北海—欧洲航线平均价格期权	湿货

表 5-12　纽约商品交易所好望角型期租期货合约基本要素

产品描述	好望角型期租运价期货
船型	好望角型
合约代码	TCC
合约规模 Contract Size	期租 1 天
最小报价	1 美元
货币单位	美元、美分
交易价格	1.00 美元/d
结算价	1.00 美分/d
最小价格波动幅度	1.00 美分/d
最后交易日	合约月份最后的一个交易日
浮动价格	浮动价格将由 ICE 根据来自多个来源的价格数据确定，包括现货、远期和衍生品市场的实物和金融产品
最终结算价	标的为波罗的海航交所航线价格每日收盘同步变动。 所有产品的最终结算价为波罗的海航交所的航线到期月份的现货航线价格平均值。但是，P1A、P2A、P3A 的结算价为：波罗的海航交所的航线到期月份最后 7 个交易日的现货航线价格平均值
合约系列	48 个连续月份合约，最长年限 4 年
结算日	每月到期合约最后交易日英国 13：00

5.2.5　上海航交所航运衍生品

SCFI 交易产品包括两种类型，第一种是以 SCFI 指数中上海—欧洲航线为标的产品（简称欧洲航线产品），第二种是以 SCFI 指数中上海—美西航线为标的的产品（简称美西航线产品）；SCFI 交易产品是以 SCFI 指数的类期货合约为基础的，两种产品在交易平台上市的均为最近连续 1~6 个月的标准合约，每月最近的合约到期后会在下月自动推出新的合约。交易采取保证金制，交易保证金比例为 20%，因而投资者可以获得 5 倍杠杆，放大交易。同时设置了最大涨跌幅限制，防止交易被市场情绪过度左右，影响市场功能的实现。上海航运运价交易公司推出上海出口集装箱运价期货交易合约，不仅填补了中国航运金融衍生品市场的空白，而且是世界范围内第一只场内交易的集装箱运价指数期货产品，因而受到了国内外的广泛关注。上海出口集装箱运价期货交易合约借鉴了国外运价指数远期或期货的经验和教训，设计了符合中国市场环境的产品条款和市场规则，不仅保证了市场的公平、公正、公开、规范，而且尽可能地提高市场活跃程度，增加市场流动性。其产品设计具体情况见表 5-13。

表 5-13　集装箱运价指数期货品种

运价交易品种	美西航线	欧洲航线
交易代码	UW	EU
交易单位	IFEU/手	ITEU/手
最小变动价位	0.5 美元/FEU	0.5 美元/TEU
一般交易日涨跌幅	上一交易日结算价±一交（连续第二日±连续，连续第三日±连续）	
上市首日和最后交易日涨跌幅	上市首日：开盘基准价±市首日，若上市首日有成交则下一交易日起涨跌幅恢复±恢复；最后交易日：上一交易日结算价±后交易	
合约月份	1~12 月	
交易时间	9:00~10:15、10:30~11:30、13:30~15:00	
最后交易日	合约到期月份的第三个指数发布日	
交割方式	集装箱混合交割（指数现金交割或实际运力交割）	
交割结算价	合同到期月份第一、第二、第三个上海航交所公布的 SCFI 对应分航线运价指数的算数平均值，四舍五入精确到小数点后一位	
交割日	集装箱指数现金交割的交割日为最后交易日；实际运力交割的交割期限为最后交易日后的 16 个自然日之内	
最低交易定金	合同价值的 25%	
交易手续费	合同价值的 0.05%（平今暂免）	
交割手续费	指数交割手续费 0.2%，运力交割手续费 5%	

注：IFEU 指 40in 集装箱；ITEU 指 20in 集装箱。

另外，上海航交所还开发了煤炭运力、干散货运力等场外清算衍生品，具体见表5-14。

表5-14　上海航交所其他交易品种

标的物	标的物-航线
中国沿海煤炭	运力交易（单个航线）
	QH：秦皇岛—上海罗泾，实船运力交收，4.5万t，装卸港可替代（需升贴水）
国际干散货	期租运力交易（一篮子航线）
	PX：巴拿马型，实船运力交收，中国—日本—韩国交/还船
	SX：超灵便型，实船运力交收，中国—日本—韩国交/还船

第6章 国际航交所的发展趋势分析

从全球范围来讲，在经历了 20 世纪八九十年代航运技术革新升级、航运业大发展的"黄金时代"后，各大航交所当前都面临着艰难发展的"瓶颈期"。尤其是新交所收购波罗的海航交所，以及国内上海航交所的运价期货在监管政策影响下交易量大幅下跌等事件，表明传统的航交所模式正承受着巨大的转型压力。这对航运这桩"古老的买卖"形成了不小的挑战，但也同样孕育着全新的机遇，进而催生出一系列颇具潜力的新兴业务。这些新兴业务将引领航交所进入发展的新时期，进而令其呈现出交易碎片化、信息透明化、形式多元化的发展趋势。

6.1 航交所发展的新挑战分析

结合现有航交所发展情况，将来一段时期全球航交所将面临如下三大新挑战。

第一，航交所面临大型商品期货交易所的挑战。期货交易是以现货交易为基础，以远期合同交易为雏形而发展起来的场内集中交易方式。在期货市场中，商品期货通常采取实物交割形式，并由此可能涉及航运交易。与此同时，航运交易时涉及的运力运费等资源也可能由期货交易所设计进而衍生出期货形式。因此，航交所与期货交易所在航运交易领域可能存在着一定的交叉竞争。在航运期货领域，航交所无论是在产业布局、资金体量还是风险管理方面都与大宗商品、证券或综合性的期货交易所存在一定的差距，虽然在航运服务的专业性、细分市场的了解程度等方面也存有一定的比较优势，但期货产品的稳定性和成熟性始终难以获得有效保障。例如，上海航交所自 2011 年以来推出了 SCFI 期货，但有学者指出，这一指数期货的套期保值效率和价格发现功能并不健全，SCFI 期货的权威性和有效性一直处在持续的争议与质疑当中。相对来说，大型期货交易所可能在期货及相关衍生品的设计、运营和维护方面拥有更成熟的经验，从而为运价期货提供更为全面的配套服务。

第二，航交所面临航运电商平台的挑战。航交所与航运电商平台存在的意义都在于撮合航运交易，二者并没有本质上的区别，甚至可以说后者代表着前者的未来。既然航交所未来将走向"无形"市场，那么从诞生之初就打上"无形化"烙印的航运电商平台与航交所在目标上堪称是殊途同归。当然，在一段时期之内，航交所相比航运电商平台来说具有一定的先发优势。例如，航交所比航运电商平台更具权威性，或因历史传统而具有更高的行业声望，或因自身具有政府支持或国资背景而享受一些特殊优待或法律赋予的特别权力。在长期运营中，航交所也可能积累更长、更稳定的数据流，具备更稳固的产品发布基础，或是拥有更健康的现金流。此外，航运业长期以来形成的特定账期机制，以及积累的良好行业口碑和信用也都是航运电商平台短期内所无法比拟的。然而，这并不能保证航交所就不会在未来的某个时刻遭遇航运电商平台的阻击或正面竞争。上海航交所就曾经在集装箱价格指数和指数期货领域遭遇了以美国纽约航交所、挪威奥斯陆 Xeneta、中国运力网和运去哪等平台为代表的航运电商平台的挑战。虽然上海航交所在集装箱价格指数方面有较强的先发优势，但既有的发展经验和运营模式也使其"船大难掉头"，难以"轻装上阵"腾出双手来有效应对航运电商平台的挑战。相反，航运电商平台却可以凭借相对较少的制度束缚和试错成本做出更多、更大胆的尝试，从而凭借更及时的技术迭代和更灵活的业界反应来获得差异化的竞争力。

第三，航交所面临大数据的挑战。在大数据技术爆炸式发展的今天，航交所重点以航运大数据为工具，融合航运订舱、航运经济监测分析、港口经济监测分析、船舶在线竞拍、诚信评估应用、海上丝路航运大数据中心等创新型平台，充分整合国内、国际各类航运信息服务平台积累的船流、货流、箱流、资金流等原始数据信息，运用数据分析技术，实现企业经营指标、运力结构指标、航运价格指数、航运景气指数等的加工和发布。航交所应有效解决目前航运数据共享不充分、数据标准不统一的缺陷，实现更加积极主动的开放战略，形成与国际接轨的市场开放格局。

6.2 航交所发展的新趋势分析

结合航交所面临的各方面新挑战、新机遇和新业务，与现有的航交所相比，未来的航交所正站在充满未知和可能性的十字路口，它将是一个高度数字化、电子化和网络化的航运信息集散地，并将呈现出三个明显的发展趋势。

第一，在航运电商倒逼航交所打破旧有传统、拥抱业务转型的前提下，现有航交所的表层服务职能可能发生一定转变，但撮合交易的核心职能依然存在较大惯性，缺乏颠覆性变革的动力和制度环境。航运是一个高风险、周期性强、回报波动率较大的传统行业，作为航运交易服务的中介性机构，航交所在业务和制度方面遭遇的惯性影响是短期之内难以改变的。航交所固然在新业态、新机遇和新业务面前需要亮明转变的姿态与决心，但旧有的经验和沉没成本必定为现有的航交所带来转型的路径依赖，最终导致"改而不变"的平淡结局。反过来讲，对于新增的航交所来说，由于自身并无传统可以借鉴，这些"新生力量"与其亦步亦趋地跟在传统从业者身后接受规训和内化，还不如直接从新业态和新环境出发，谋求甚至引领行业的"华丽转身"，充分发挥活化市场、激发活力的"鲶鱼效应"。新型航交所面对业界的运行惯性，具有转型创新的"换道超车"优势。

第二，在现有行业格局不发生重大变化、航交所未遭遇重大兼并退出事件的前提下，现有航交所的主营业务规模将呈现出明显的两极分化。当然，这里所说的并不是强者越强、弱者越弱的"马太效应"，而是说航交所关注的业务规模将会出现大者恒大、小者恒小的"差序格局"。问题在于，航交所致力于维持也需要产出的本应是一个充分竞争的市场环境，但是对大规模业务的热衷，再加上近年来的新一轮兼并收购，使得航交所不可避免要面临"寡头化"的航运企业客户，在运价交易等职能领域掣肘于越来越高的衡量门槛，进而令大量中小规模的航运需求陷入缺乏关注的"长尾"困境。但反过来讲，新型航交所如果能够妥善结合互联网优势，聚焦航运交易的碎片化需求，在业务思路和数据处理能力上苦练内功、狠下苦功，是有可能重塑资源，化"长尾"为"肥尾"的。新型航交所面对业务的两极分化趋势，具有扬长避短的"资源重塑"优势。

第三，在航运市场总量规模持平、增量优势不明显的前提下，现有航交所将会面临自身资产的新一轮盘点和重估，重新尝试寻求新的增长点。前面已经提到，航交所正在经历从有形化市场到无形化市场的重要转变，其最大的资产优势在于日积月累形成的信息和数据，但航交所只是保有或记录了这些信息和数据，并未令其活化成为具备分析和挖掘价值的信息流与数据流。在业界生存压力较为宽容、粗放式发展的"野蛮生长"时代，这些尚未激活的"资产"并不具备足够的业务吸引力，但当行业进入瓶颈期，"蛋糕"总量不会扩大甚至有所削减时，航交所有必要利用好手中尚存的资源，以"精耕细作"的方式熬过行业的"寒冬"。面临这样的态势，新增的航交所应该做的不是加剧业界竞争，在令"寒冬"更冷的同时自身也失去温暖，而是应该谋求业务的多元化，尤其是在数据分析和支持方面提供更为基础也更具针对性的服务。新型航交所面对业务资产的盘点重估趋势，具有多元化重构的"激活蓝海"优势。

综上所述，应该从"现有"和"新增"两个维度来理解航交所的发展趋势，前者的未来应当是后者的现在。换句话说，新增航交所应致力于发展的主要业务，不应是对现有航交所的模仿和简单重复，而应当契合业内现有航交所的未来需求，参考现有航交所的发展趋势，跳出行业发展的既有惯性，拥抱碎片化的"长尾"需求，紧扣航运数据的多元化支持，以换道超车、资源重塑、激活蓝海为建设原则，从根本上谋求业界的重新激活和再审视。

6.3 航交所发展的新业态分析

航交所提供的是一种航运业务供需交易的市场化服务，它最初通过有形场所"连接"交易双方的资源并降低交易成本，但是随着航运交易市场网络化信息化水平的不断提高，航交所能够提供的交易服务不可避免地从"有形"转变为"无形"。进入互联网时代，历史上面对面交易、小范围交易、异步交易、非标准化交易的航运交易传统必将被在线交易、大范围交易、实时交易、标准化交易的新业态所取代。以往依赖航运交易市场内生性的"信息不对称"赚取歧视性差价和超额利润的模式将逐渐失效，航运交易中的市场信息壁垒将随着信息透明化进程的不断深入而逐渐被荡平。由此，航交所将会表现出如下三种发展新业态。

一是实时把握航运与国际贸易、金融领域的"数字蝶变"，构建航运大数据分析与运营中心，形成航运数据交换、挖掘、产品研发应用的创新"孵化器"，实现技术层面的智能化与航运运营层面的智慧化。

在大数据技术爆炸式发展的今天，航运市场需要对大量数据进行存储、分析及应用。航交所作为航运资源集聚、交流和交易中心，提供的不仅仅是分析报告，还可以是大数据、区块链与云计算解决方案等更多内容。在"数字经济"的驱动下，航交所将以航运大数据为工具，集聚国际贸易、国际航运、宏观经济、金融市场等领域的数据资源，构建一个集数据集成交换、数据存储管理、数据挖掘分析、数据产品研究应用、数据服务展示功能为一体的航运大数据信息服务中心。航运大数据信息服务中心通过开发海运订舱、航运经济监测分析、港口经济监测分析、船舶在线竞拍、诚信评估等功能，充分整合国内、国际各类航运信息服务平台积累的船流、货流、箱流、资金流等原始数据信息，运用数据分析技术，实现航运企业经营指标、运力结构指标、航运价格指数、航运景气指数等的加工和发布。对此，在"大数据+航运+贸易+金融"的思维下组建海南国际航交所，打造国际贸易、金融和国际航运领域信息交互与跨界融合的工具，能够解决目前航运数据共享不充分、数据标准不统一的缺陷，推动国际贸易与国际航运产业链相关企业间的要素流动，提高行业的运营效率，辅助企业智慧决策，为行业新业务流程的创造和价值链重构提供机遇，形成与国际接轨的市场开放格局。

二是紧抓航运电商崛起的机遇，基于用户集聚、海量数据汇集的特点，将航交所的资源优势整合为规模优势，提升航运线上服务与综合管理水平，打造智慧型的航运资源交易平台。

航交所的主要功能在于撮合航运交易，因此新型航交所势必将与互联网紧密结合，发展成为"无形"市场。因而，打造以在线交易为核心的航运电商平台是航交所智慧化转型的必经之路。在运力失衡与航运服务同质化严重的大环境下，航交所通过构建电商平台，能够凭借其行业权威性，发挥数据积累与产品发布的优势，吸引国内外贸易集团、航运公司、港口企业等入驻。例如，纽约航交所借助航运界领先的数字化运营中心，完善航运电商平台机制，实现标准化与差异化服务相结合，吸引企业入驻，提升了国际话语权。在航运服务创新层面，航交所可利用电商平台完善线上询盘与发盘、订舱揽货、提前锁舱、线上委托代理、在线支付等各类业务，拓展标准化的数字运输合同、远期运费合同、差异化航运条款服务等创新产品，有效提升智慧化与创新化程度，增强对国内外企业的吸引力，实现航运业的协同发展。在信用体系的构建与完善层面，针对传统航运电商平台存在的安全欠佳、信用违约等问题，航交所有能力引入大型船公司、银行及相关金融机构，对平台的买卖双方进行严格的资质审核，设立平台用户的信用档案与"黑白名单"，通过净化平台环境提升用户的参与意愿，实现互联互通的行业信用体系，促进航运业的诚信建设与健康发展。

三是深度扩展航运数据交易功能，创新航交所、港航企业与期货交易所在信息共享、产品培育、市场推广等方面的合作模式，形成航运、港口、金融与贸易各要素相互耦合、跨界融合、开放协同的新型航运业生态圈平台。

航运数据对供应链管理、贸易竞争、金融衍生品的价值是不言而喻的，航运业会逐步将这些数据资产通过合理的方式在上游产业中变现。与此同时，航运交易时涉及的运力运费等资源也会由期货交易所设计进而衍生出期货形式。在航运期货领域，航交所在航运服务的专业性、细分市场的了解程度等方面存有一定的比较优势，但无论是在产业布局、资金体量还是风险管理方面都与期货交易所存在一定的差距，期货产品的稳定性和成熟性始终难以获得有效保障。而期货交易所在期货及相关衍生品的设计、运营和维护方面拥有更成熟的经验，从而能为运价期货提供更为全面的配套服务。从航交所、港航企业与期货交易所各自的优势和服务特点可以看出，多方的联合将充分利用航运中心建设的契机，顺应国际航运衍生品的发展趋势，发挥各自优势，在航运衍生品开发与交易方面开展针对性的研究和深入合作。多方联合可将传统航运服务不断延伸，继而重新定义航运的外延与内涵，扩展航运发展的生态圈，提升航运资源聚集度与市场活跃度，以新航运、新贸易、新金融激活新动能，增强航运金融衍生品市场服务实体经济的能力和水平。

6.4　航交所发展的新业务分析

现阶段，航运业日新月异的业态发展和互联网、大数据乃至人工智能带来的转型机遇，已经倒逼航交所迭代并超越旧式的航运交易传统，由常规的航运信息发布者和航运交易撮合者向航运一体化综合服务提供者看齐，这必将导致航交所的主营业务经历较大规模的调整或扩展，从而催生出一系列具有较强创新性和较高成长性的新生业务领域。然而，这些领域在目前可能仍然处于"小荷才露尖尖角"的状态，具体来说，主要包含如下几个方面潜在新业务。在航交所发展面临新挑战、新趋势、新业态的大背景下，航交所的职能和业务必然要转型。未来的新型航交所必须跳出原有密集竞争的"红海"领域，敢于主动去"碰"一些尚待发掘的"蓝海"业务，尤其是紧紧围绕航运"人、物、数"等基础、核心资源上下功夫创新，从而在新维度上实现换道超车。

6.4.1 航运资源要素交易新业务

1. 海员交易与服务

航运靠海员，这是航运业的根基。基础不牢，地动山摇。在 20 世纪 80 年代前，国际劳务船员主要在西方航运发达国家控制的方便旗船上工作。之后随着这些国家陆续建立起第二船籍登记制度，悬挂这些国家旗帜的船舶也开始大量使用国际劳务船员。国际劳务船员输出国主要是工资水平相对较低、人力资源丰富的亚洲国家，主要输出国是菲律宾、中国、印度、印度尼西亚等，如表 6-1 所示。由图 6-1 和图 6-2 可以发现，世界商船队 2015 年的发展及其对海员的需求，将可能使高级船员供给短缺的总体趋势持续下去。海上人力资源目前的形势及其未来前景表明，行业和利益相关者应共同努力，寻求解决人力资源关键问题的办法，这样未来才会有足够的合格且适任的海员供给。

表 6-1　2015 年 BIMCO/ICS 统计海员供应量最大的五个国家

序号	所有海员	高级船员	普通船员
1	中国	中国	菲律宾
2	菲律宾	菲律宾	中国
3	印度尼西亚	印度	印度尼西亚
4	俄罗斯	印度尼西亚	俄罗斯
5	乌克兰	俄罗斯	乌克兰

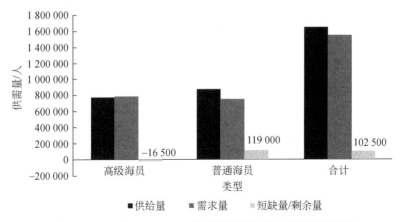

图 6-1　2015 年 BIMCO/ICS 统计国际海员劳务市场供需情况

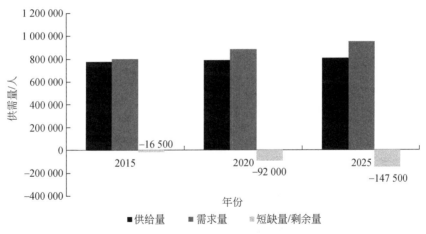

图 6-2　2015 年 BIMCO/ICS 统计未来高级船员供需平衡基本预测

　　船员作为航运业的直接从业者，一直是航运持续健康发展的重要力量，在建设交通强国、海洋强国战略和"一带一路"倡议等方面发挥着极其重要的作用，为我国国民经济和社会发展做出了巨大贡献。2017 年，交通运输部全面深化船员"放管服"改革，完善法规标准，转变职能和管理方式，推动船员管理转型升级，促进水上交通安全和航运经济可持续发展，增强我国船员的国际竞争力。截至 2019 年，我国共有注册船员 157.5 万人，位居世界第一，充分说明服务海员和维护我国海员权益的重要性。

课题组走访上海泰昌祥船舶管理协会、V-SHIP 船管公司调查发现，国际海员交易与服务是当前航交所忽视的一块新业务。之所以没有介入，主要是因为我国的国际海员交易与服务存在如下突出问题：一是海员招募培育散乱无序。一方面，国际海员劳务市场在我国尚未形成统一的交易市场，海员招生要求和门槛不一，存在过度扩招现象；另一方面，对于海员系统培训以及梯度式的培育极其缺乏，不利于我国海运业的发展。二是我国海员成本偏高。尽管 2019 年国务院出台对船员税收优惠政策，但是相比菲律宾、印度等国家，仍没有多大优势，且条件还应进一步细化。三是人才政策不足。当前，海员社会地位较低。对于船长、轮机长等高级海运人才缺乏人才政策。四是围绕海员的服务不足。例如，国际船员在我国外币汇款、兑换等业务受到一定管制。再如，在海员保险方面，由于海员职业属于保险定义高风险的第五类职业范畴，很多保险公司的疾病保险、意外保险等将海员排除在外，等等，这些问题严重制约着海员发展。

因此，我国打造航运强国，既需要大量的国际海员，更需要自我培育充足、高素质海员，这催生了国际海员劳务交易业务。

国际海员劳务市场在我国尚未形成统一的交易市场。海南通过自贸港政策和各种便利措施，完全可以构建高效的海员交易和服务市场，这为海南国际航交所建立国际性的海员交易和服务业务中心提供了难得机遇。因此，海南国际航交所海员业务可以定位为海员劳务交易平台以及海员服务平台。海南国际航交所通过搭建海员劳务交易市场，服务外籍船员交易，探索免征个人所得税、强化全球航海教育和培训等措施，促进国际海员劳务交易更规范化，同时，围绕海员的准入退出、出入境、金融保险等服务提供一条龙便捷服务，将海南打造成海员劳务交易和服务中心。

2. 集装箱碎片化交易业务

近年来，随着经济全球化的发展、知识经济的兴起及现代科学技术的发展，货物朝着轻、小、薄的趋势发展，管道、航空等运输方式也迅速发展，对海运贸易形成分流。时代在变、贸易格局在变、海运贸易模式也在变。随着互联网的深入，跨境、跨地区、跨行业的"互联网+全程物流"贸易模式将成为未来中小客户海运贸易的主旋律。由于集装箱运输固有的安全、便捷特点，近年来适箱货源快速增长。

过往的集装箱航运业属于寡头市场，集装箱班轮的航运资源数量可控可预测，标准化程度较高，类似班轮联盟这类市场主体本身就可发挥资源配置作用，从而使航交所无可置喙，难以介入和重塑市场形态。但是进入互联网时代之后，集装箱班轮订舱可在线完成，在舱位数量、价格、运输形式、航线经停等信息透明化的前提下，新型航交所需要积极将面向客户的侧重点从小部分大体量"重量级"航运公司向下"落地"，转移到体量较小、需求差异化、数量众多但交易总额同样不可小视的"长尾"客户上来。许多老牌航交所没有预料到互联网时代导致的航运集装箱市场的变化，给了国际航交所十足的机会，国际航交所可以借助此次机会在航运运价市场上站稳脚步。

当今，干散货运价交易市场主要被波罗的海航交所以及各地航交所等占领。在已有的干散货运价交易领域，定价议价、规格标准等事项的话语权已经牢牢掌握在以波罗的海航交所为代表的老牌航交所手中。而从海运货物集装箱化发展趋势来看，碎片化运价交易潜力主要集中在集装箱领域。

然而，从海运货物集装箱化的发展趋势来看，中小规模企业对包裹化、碎片化集装箱运输的需求在逐年增长。以中小微进出口企业为例，这个体量和主营业务的企业 95% 的货运需求需要通过拼箱货盘的形式得以解决，近年来方兴未艾的跨境电商更是催生出更为旺盛的集装箱包裹化、碎片化需求。如图 6-3 所示，近年来，我国跨境电商交易额保持高速增长，渗透率不断提升，2019 年以来规模年均增长率超过 30%，这种跨境电商的"野蛮生长"必定会给传统航运行业带来颠覆式的变革，同时也要求提高物流行业的运营效率，以及支付方式的再创新。由于跨境电商目前主要表现为"企业对消费者"（business-to-consumer，B2C）和"消费者对消费者"（consumer-to-consumer，C2C）

的模式，交易涉及的消费品呈现出小批量和零散特征，传统海运中"企业对企业"（business-to-business，B2B）的大宗货物运输模式在跨境电商情境中不一定适用，尤其是经过 2015～2018 年航运业多次大规模的行业并购洗牌（表 6-2），全球集装箱航运企业市场份额集中度越来越高，目前行业中供给方垄断的运输模式并不能较好地匹配跨境电商包裹化、碎片化的需求。

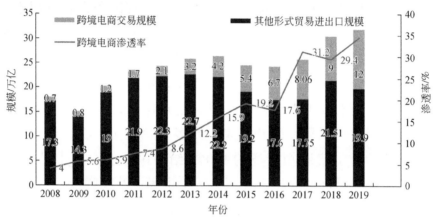

图 6-3　跨境电商规模

跨境电商渗透率指跨境电商交易额占货物贸易进出口总值的比例

表 6-2　2021 年全球集装箱航运企业前 20 名

排名	班轮公司	艘数	运力/万 TEU	市场份额/%	排名	班轮公司	艘数	运力/万 TEU	市场份额/%
1	马士基航运	713	405.6	17.9	11	以星航运	69	33.7	1.5
2	地中海航运	524	332.2	14.6	12	万海航运	92	24.4	1.1
3	中远海集运	563	277.2	12.2	13	伊朗国航	50	15.4	0.7
4	达飞轮船	509	266.9	11.7	14	安通控股	122	14.6	0.6
5	赫伯罗特	230	165.2	7.3	15	高丽海运	64	14.3	0.6
6	ONE	216	151.5	6.7	16	中谷海运	100	13.8	0.6
7	长荣海运	200	119.2	5.2	17	X-Press Feeders	78	11.9	0.5
8	阳明海运	97	63.2	2.8	18	海丰国际	79	10.7	0.5
9	太平船务	131	41.8	1.8	19	德邦海运	34	7.6	0.3
10	现代商船	70	41.3	1.8	20	SMLine	18	7.5	0.3

走访调查上海运去哪、运力网等新型航运电商平台时发现，各集装箱运输公司将运价作为商业机密，因此集装箱运价市场存在极大的不透明性，尽管市场有大量的货代公司协助货主订舱询价，但是对于货主或广大进出口企业来说，无论是整箱还是拼箱很难获得比较优惠的运价。同时，现有的一些标杆的集装箱运价基本上都是通过向集装箱运输公司询价而得出，这种价格与实际成交的运价存在或多或少的偏差。因此，货物运输需求的碎片化和供给定价的集中化有可能导致需求方陷入弱势，丧失议价的主动权。

这就需要有一个相对公开透明的竞价平台，有效弱化和减少价格垄断及不对称所带来的额外交易成本，进而催生出基于小体量货物运输包裹化、碎片化需求的业务领域，为海南国际航交所带来全新机遇。航交所归根结底是一个降低交易成本的中介性机构，其存在的根本意义在于提供及时、准确、公平的市场信息，不断促成市场交易。

通过上面的分析，海运集装箱发展是未来主要发展趋势，同时全球跨境电商的迅速发展对包裹化、碎片化的运力显著需求，叠加全球航交所对集装箱运价交易竞争仍不是很激烈等因素，海南国际航交所完全可以聚焦碎片化集装箱运价交易，通过打造交易平台、重设交易规则，将这个市场做精做细做优。自由贸易港建设跟 e-WTP（世界电子贸易和旅游平台）高度吻合，可以在"4T"［Trape（贸易）、Tourism（旅游）、Traning（培训）、Technology（技术）］上面大有可为。碎片化集装箱运价交易业务完全符合这个新型贸易规则，有助于通过海南自由贸易港这个平台来实现。

因此，海南国际航交所可以借鉴运去哪、纽约航交所、运力网等新型航运电商平台模式，搭建集装箱运价碎片化交易平台，一方面，为更广大的货主或进出口企业获得更优惠透明的价格，减少传统第三方货代的高额代理成本，通过规模化、标准化方式让集装箱运输公司和货主尽量直连，帮助广大进出口企业和货主降低广大海运成本，同时，可以实现让货主清晰定位其每一票订单，提供全程物流体验；另一方面，基于真实交易，编制形成真实无偏、标杆式的运价体系，为集装箱运价市场的价格发现功能提供坚实的保障，也为上线集装箱运价指数期货期权衍生品运价风险管理工具奠定坚实的基础。

3. 船舶交易业务

2007年以来，随着航运市场的逐渐恢复，全球二手船市场也相应跟随恢复。2018年，全球二手船市场上共出售了1653艘船舶，合计7940万载重吨（图6-4）。从船舶成交数量来看，显然已创下2007年以来新高，而从载重吨来看，则是2007年以来第二高位。

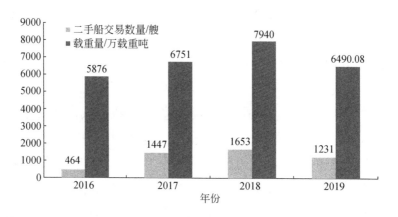

图6-4　全球二手船交易情况

2019年全球范围内有1231艘船（6490万载重吨）在二手市场上出售，较2018年创下的总吨位纪录略有下降。全球二手船交易市场从船型来看，还是以干散货船船型交易为主，数量上占到40%以上。交易的载量吨位平均达到3万～12万载重吨，基本上都是大型吨位船只，交易对手以国际型大中航运企业为主。另外，全球二手船交易的平均船龄在8～12年（图6-5）。

近年来，我国二手船交易市场发展也较快，上海航交所、芜湖市长江船舶交易市场、广西贵港珠江船舶交易有限公司等船舶交易场所的设立，极大带动了我国二手船交易市场快速发展。总的来看，我国二手船买卖主要集中在挂中国旗的二手船，月平台已经达到400艘以上、交易金额70亿元，交易总吨位超过了60万载重吨，单船平均吨

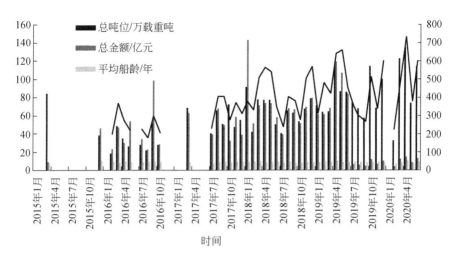

图 6-5　国内二手船交易情况

位为 2000 载重吨左右，平均船龄在 10 年左右，与国际二手船交易的船龄相差不大。其中干散货船舶占比达到了 80% 以上。

目前，我国船舶买卖交易具有如下特点：一是全国船舶买卖交易比较分散，沿海及长江流域相关省份都有自己的船舶买卖交易中心，尚未形成全国统一市场。二是船舶价格存在不透明性、交易市场不活跃等弊端。三是商业二手船交易撮合时，需要保证在程序上的合规性、有效性、公正性，这往往需要借助第三方平台或渠道。这些船舶交易存在的问题正是给国际航交所打造全国甚至全球的船舶买卖交易中心提供了潜在业务机遇，也对国际航交所建设船舶交易市场在制度建设方面提出更高的要求。

6.4.2　航运资源要素金融交易新业务

1. 航运基础金融交易业务

一是人民币自由兑换和结算业务。人民币自由兑换和结算业务为国际航交所奠定了人民币国际化窗口地位。经过多年的发展，目前人民币国际化已经取得重大进展。人民币已经是全球第五大贸易货币和储备货币，2016 年起被国际货币基金组织（International Monetary Fund，IMF）纳入特别提款权（special drawing right，SDR）货币篮子。目前已经有 60 个国家将人民币纳入外汇储备，我国已经与超过 30 个国家签署货币兑换协议，总规模达到 3.33 万亿元。上海原油期货等大宗商品已使用人民币进行计价与结算。香港、新加坡、伦敦、纽约等国际金融市场的离岸人民币业务已形成一定规模，其中香港的离岸人民币业务最大，2019 年底人民币存款达到 6322.1 亿元。随着中国日益走近世界舞台中央，中国崛起过程中与发达国家尤其是美国在经济金融领域的利益冲突逐渐迈向深层次，如当前中美贸易三轮谈判都未能化解贸易冲突。因此，人民币国际化亟待加速深层突破，以更好提升我国在国际贸易和国际金融市场上的影响力与话语权。人民币境内自由兑换是牵一发而动全身的重大改革举措，因此有必要选取一个区域进行"先行先试"，并在其基础上进行经验的复制推广。而中国（海南）自由贸易试验区（简称海南自贸区）的设立，无疑给人民币自由兑换先行先试提供了一个最佳实验区。由于航运交易计价目前基本上都是以美元为主，打造海南国际航交所，可以完全作为人民币自由兑换的海南最佳试验区的突破口。

二是航运资金流证券化。船舶及其运营现金流等资产证券化，为海南国际航交所带来潜力巨大投资需求。目前，在国内船舶融资租赁领域还没有真正意义上的资产证券化产品。随着金融机构对新融资结构的探索和创新，越来越多的租赁公司正在考虑以资产证券化拓展船舶资产交易业务。随着我国金融开放，这也为海南国际航交所搭建资产证券化平台带来潜力巨大需求。

三是航运保险业务。航运保险业务外流极其严重，为海南国际航交所吸纳业务创造了巨大机会。有数据表明，2017 年我国航运保险保费收入服务逆差达到 68 亿美元，大量航运保险业务到国外保险公司投保。海南国际航交所可通过获取保险中介牌照，与国内航运保险公司联合研发新产品和业务，有效吸引留存航运保险。

2. 集装箱运价衍生品交易业务

从航运市场干散货、集装箱、油轮三大子市场来看，干散货和油轮市场的运价衍生品竞争激烈，国内上海期货交易所和大连商品交易所也即将推出相关衍生品，而集装箱运价衍生品目前全球比较缺乏。因此，基于巨大的碎片化集装箱客户运价风险管理需求，为海南国际航交所催生潜力巨大碎片化运价衍生品需求。就集装箱运价而言，集装箱运价大幅波动是压在我国进出口企业经营的"一座大山"，抬升了物流成本、吞噬了原本微薄利润。我国集装箱运价波动成本，按照"集装箱船务公司→货代公司→进出口企业"路径，90%"随行就市"转嫁给了有进出口实绩的 47 万家进出口企业。我国外贸集装箱运价市场交易规模 2018 年达到 1350 亿美元。事实上，集装箱运价年波动率达 50%，远超石油、有色金属、粮食等其他大宗商品；年度平均运价上涨 1%，海运物流边际成本就会增加 13.5 亿美元，对于中小微进出口企业无疑是雪上加霜（图 6-6）。由此可以看出，我国大量进出口企业尤其是中小微进出口企业有着巨大风险管理需求，而海南国际航交所完全可以设计小份额集装箱运价期权等衍生品，并提供风险管理工具交易场所，为广大中小微企业的碎片化运价波动风险管理需求提供规避手段。

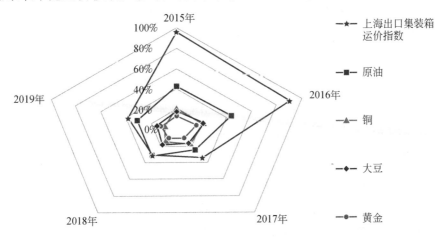

图 6-6　集装箱运价与典型大宗商品波动率比较

另外，基于集装箱运价现货交易形成的真实运价指数，开发的期货和期权衍生品具有更好的价格发现、套期保值等功能，这也是国际航交所所具备的重要条件之一。因此，过去航运领域衍生品的交易大多通过场外经纪人撮合来进行，而海南国际航交所可以借着电子化交易的东风，将航运衍生品的交易形式转化为场内集中交易，通过场内机构的统一清算来确保交易价格、交易规则、交易信息的公开透明化处理，能够大幅度地促进航运市场向公平、健康、有序方向发展。与此同时，只有在公开、公平、公正的市场前提下，航运衍生品市场才能够具备足够的公信力和吸引力，从而在航线运营、运力运价、航运承保、配货配舱等领域焕发出新的生机。

3. 船舶融资和租赁业务

目前船舶融资租赁模式主要包括传统银行贷款、股权融资、夹层融资及船舶融资租赁四种模式，而这四种模式难以解决船东融资租赁的信用风险管理问题，也无法成为船东融资的主要途径。其中，中小船东不同于国有大型航运企业有国家和政府背书，面临更多风险，因此，融资难、融资贵的问题突出。

传统银行贷款：2017 年我国中国银行和进出口政策性银行对航运贷款已经位居全球银行中的第一、第二位，但其主要针对大型航运企业，服务其巨额融资需求，而对中小船东融资需求无法满足。

股权融资：有德国 KG 航运基金模式等，基金资金来源于资本市场等渠道，与船东共同享有股权收益。通过有限责任合伙，单船公司进行船舶资产股权融资。股权融资是船舶融资潜在发展模式。

夹层融资：是一种从属于银行优先级借款的债务，贷款中的保守部分按惯例划归为优先级债务，额外部分被划归为次级债务，是介于贷款和股权融资两者之间的混合模式，目前比较少。

船舶融资租赁：船舶融资租赁业务在解决企业资金问题的同时并不会导致负债率上升，目前得到快速发展。但是，目前我国船舶融资租赁的年化成本高达 12%～15%，极大地增加了中小船东的负担。交通银行、招商银行、中国工商银行、中国民生银行、中国进出口银行等纷纷进军船舶融资租赁市场并迅速崛起。其中，民生租赁、工银租赁更是在船舶领域已经拥有了相当规模的船队。

以上四种模式更多是聚焦融资资金的来源、方式等，而对于船舶融资最核心的信用风险日常管理尚没有有效方法解决，尤其是针对广大中小航运企业，船舶融资难、融资贵问题更突出，主要原因在于以下方面。

中小航运企业"三特殊"重视不足。一是地位特殊。2017 年我国就已跻身为全球第一大船舶融资大国。贡献运量 50% 的中小航运企业在落实"一带一路"倡议的排头兵独特作用关注不够，"半军半民"属性在和平时期关爱不够。二是行业特殊。航运业"大起大落、大风大浪、大进大出"特征是其他实体行业所不具备的。航运业周期性显著、经营风险高，使得很多金融机构不愿、不敢提供融资服务。三是经营特殊。海运业天生具有"全球化"属性，中小航运企业国际化经营非常明显，超出了绝大部分国内金融机构控制范围，日常跟踪难、财务监督难、船舶资产处置难，信用评级等级低，特别是在航运市场持续低迷时期中小航运企业融资难上加难。

航运融资政策"三缺乏"扶持不够。一是缺乏针对性细则。当下，受新冠肺炎疫情冲击大的中小航运企业融资需求规模和程度已超出了国家出台的金融政策范围。2021 年 4 月底新加坡出台了针对中小航运企业、海员等财务扶持计划，在信贷管理措施方面给予了更高的灵活性。二是缺乏专项性政策。韩国、法国、阿拉伯联合酋长国等成立中小航运企业专项基金，帮助很多中小航运企业走出困境。近年来，我国从中央到地方出台了支持中小微企业发展的普惠金融、小额贷款系列政策，给予中小航运企业额度显得杯水车薪。三是缺乏统一性规则。沿海港口城市出台的地方性的航运金融措施不统一，力度、深度也不够，中小航运企业受益小。另外，各地航运要素市场流通、交易等存在标准不一的问题，影响了中小航运企业融资。

航运金融机构"三门槛"破除不力。一是风控门槛限制。中小船东经营风险大，因此对风险控制要求较高，而国内大多数金融机构限于自身的风险控制能力有限，因此造成不敢介入中小船东融资领域。二是专业门槛限制。中小航运企业融资具有金额小、频率高、周期长等特点，提供融资服务费时费力，经营风险大、成本高。传统的银行、融资租赁等金融机构宁愿过度关注大型航运企业，也不愿服务中小航运企业。三是监管门槛限制。现行外汇管理体制对中小航运企业美元融资有约束。另外，《中华人民共和国商业银行法》规定了银行实施区域经营原则。中小航运企业尤其是单船公司跨区域经营都比较常见，客观上造成中小航运企业融资便利性受限。

因此，一方面以航交所为载体，搭建全国性中小航运企业融资互联网平台，创新航运融资长效机制，探索银行贷款+信用保证保险、债权股权基金、中小船舶融资租赁、保理等模式，引入并充分发挥船检、船管、海运科技等企业在评估勘验、拍卖处置、实时风控等作用，丰富船舶融资租赁主体和模式谱系。

另一方面以航交所为载体大力推动船舶融资或租赁的证券化。船舶交易的单笔交易标的涉及金额较大，交易频次低，在传统模式下，船舶证券化交易实际上并不适合航交所来承担。但是，在互联网环境下，船舶资产可以切分为小规模、小份额的"碎片"，供中小规模客户以类似"众筹"的形式认购，航交所承担交易市场和信任背书的职能。当航运船舶本身成为上市公司那样的"股份"投资对象时，每个公司甚至个人都有可能成为船东，这或将成为交易所未来的业务新增长点。事实上，类似挪威奥斯陆 Xeneta 这样的航运电商平台已进行了相近的尝试，通过互联网"众筹"集装箱运费价格，但这种"众筹"还远未上升到船舶融资或租赁层面。

6.4.3 航运数据交易

无论是从供应链管理，还是从业态研判和行业资源整合的角度来讲，航运数据对供应链管理、贸易竞争、期货金融的价值是不言而喻的，航运业未来完全有可能把这些数据资产通过合理的方式在上游产业中变现。尤其是在大数据和人工智能背景下，航运业在业务工作中日积月累获得的数据流堪称是一笔弥足珍贵的"数据资产"，并且在合理利用的前提下具备足以引起重视的变现价值。但是，目前很多企业虽然知道自己掌握的数据有"价值"，却苦于没有价值评估的机制和价值变现的通道。如果数据可以通过交易变现或是资产抵押，很多航运企业都愿意去做数据的买卖业务，前提当然是不破坏市场的公平竞争秩序。

航运企业"积攒"下来的数据大多属于存在残缺或未经清洗的"脏"数据或"粗"数据，需要经过后期处理才有分析和挖掘的价值。航运企业因此需要引入相应的配套服务，以使自己手中沉睡的数据"价值"真正成长为全面、系统、广覆盖，具有较强可操作意义的面板数据流，进而接受专业的价值评估，被认可为企业的优质无形资产。未来航交所在航运大数据的多元化分析、挖掘、运维、估值及其他配套服务大有作为，如果说开发指数和衍生品是把金融业客户拉入航交所的手段，那么数据交易就是把物流服务商、贸易商、制造业客户拉入航交所的手段。

第7章 | 国际航交所的发展规划

我国组建国际航交所需要做好发展规划，结合国家海运强国和海洋强国战略，明确国际航交所的使命、战略定位以及基本职能及主要内容等。

7.1 国际航交所的使命

结合国内外航交所的建设经验和发展历程来看，航交所的职能定位大都集中在船舶、货物、运力、集装等航运资源和要素的交易，以及通关、评估、代理、指数编制等航运服务的两大领域。在区位布局方面，航交所大多承载相对明确的区域职能，国外航交所各自覆盖自身所处的航运区域，如波罗的海航交所聚焦欧洲，新交所聚焦马六甲海峡，纽交所聚焦美洲等。国内航交所中，除上海航交所从发展之初就将自身定位为国家级航交所之外，宁波、广州、重庆、厦门、武汉、青岛等地的航交所分别拥有各自的区域性的沿海沿江指向，为中国东南沿海和长江流域的不同区域提供相应的航运服务。然而，国际航交所的建设不同于以往任何国内航交所，承载着独特的全球化历史使命。因此，国际航交所需要紧紧围绕和服务我国的全球战略博弈趋势，紧密结合国际航运业和航交所发展态势，以"一带一路"愿景规划和"海洋强国"战略为职责，构建较为明确、清晰的使命、战略定位和发展目标。

国际航交所的组建，承担着具有相当分量的使命，具体如下。

1. "一带一路"和自贸港建设的重要支撑

"一带一路"和自贸区、自贸港建设离不开航运服务业的物理桥梁的作用。一方面，贯彻落实习近平总书记提出的"一带一路"倡议，需要特别重视港航业的特殊地位和作用。这不仅仅是港航业在"一带一路"倡议的关键节点，也是"一带一路"倡议落实主动权的保障武器，更是各个国家、各个地区、各个市场链接成本的关键控制权。因此，构建国际航交所也是"一带一路"倡议的关键一步棋。另一方面，自贸区、自贸港建设也要求国际航交所在离岸业务方面发挥特殊功能和作用。自贸区、自贸港建设最基础的就是要吸纳各种市场要素、资源在海南汇聚、交汇。国际航交所正是有这种天然的基本职能，能将全球航运资源要素汇聚海南，必然为自贸区、自贸港建设强大航运资源的汇集器。

因此，建设国际航交所，必然要求其发挥在"一带一路"倡议和自贸区、自贸港建设中的"排头兵"功能与作用，着眼提高我国开放型经济发展水平，促进国际国内两个航运市场、两种航运资源有效对接、整合、优化，建设具有重要影响力的国际航运中心，促进我国在更高层次参与国际经济合作和竞争。

2. 推动我国由航运大国转向海运强国的杠杆支点

航运业对世界经济发展非常重要。国际经验表明，建设航运强国并不只是依靠口岸航道、港口设施等航运基础设施建设和港口吞吐量等硬性指标，更多的是依靠软实力的提升，如航运金融与保险、仲裁服务、航运咨询等。因此，推动我国海运强国建设，必须高度重视现代航运服务业发展。

我国是航运大国，不是航运强国。例如，我国港口的吞吐量、总的船舶数、集装箱数等，已连续多年全球第一。但是，我国不是航运强国，航运运价、海运国际法则、航运金融、经纪仲裁等航运核心领域的话语权仍没有掌握。尽管如此，我国已经具备了向航运强国转变的强大现实基础。那么，国际航交所是推动我国实现由航运大国向航运强国的转变的关键一步棋。

建设具有全球影响力的国际航交所，充分发挥国际航交所的杠杆支点作用。瞄准全球航运产业和航运科技发展前沿，加强创新平台建设，大力发展新技术、新产业、新业态、新模式，加快形成以创新为主要动力和支撑的产品服务体系；扎实推进全面创新改革试验，充分发挥我国科技研发与产业创新优势，破除影响航运创新要素自由流动的瓶颈和制约，进一步激发各类创新主体活力，建成全球航运高地和新兴航运产业重要策源地，争夺航运话语权。

7.2　国际航交所的战略定位

国际航交所必须要置身于新时代中国特色社会主义建设伟大事业视野中，结合自身两大历史使命，在自身独有的政策红利优势、区位禀赋和地缘优势的基础上，紧密围绕航运业新机遇、新挑战清晰地界定战略定位，脚踏实地、大胆探索，努力走出一条成功之路。

因此，国际航交所的战略定位应当为：坚持以习近平新时代中国特色社会主义思想为指引，肩负保障"一带一路"倡议和海南自贸港建设、海运强国两大使命，牢牢把握发展机遇，全面建设多元开放、国际一流航运交易所，建成全球重要的航运资源要素交易中心、定价中心和风险管理中心，努力在服务实体经济、对外开放中发挥更大作用。

具体包括如下几个部分。

（1）坚持以习近平新时代中国特色社会主义思想为指引

国际航交所的建设，最基本的遵循就是要以新时代中国特色社会主义思想为指引。习近平总书记强调国家要发展，经济是第一要务。经济要发展，交通要先行。他还强调要志在万里，努力打造世界一流的智慧港口、绿色港口①。中国特色社会主义进入新时代的历史方位，对我国航运市场深化改革开放提出了新要求。因此，国际航交所战略定位要以习近平新时代中国特色社会主义思想为指引，紧紧围绕服务实体经济、服务国家战略根本宗旨，积极拥抱"多元开放"发展新时代，全面推进国际一流的航运交易所建设。

（2）肩负保障"一带一路"倡议和海南自贸港建设、海运强国两大使命

习近平总书记在多次场合中用"重要支点""重要枢纽"来形容港口在"一带一路"建设中的重要性。实际上，航交所就是为港航业建设最重要的软实力。海南自贸港建设最基础、最根本的自由贸易做大做强，也需要高效、透明、公正的航运服务来保障。可以说，航交所也是海南自贸港建设的基础项目之一。另外，在我国历史上，有过海运强国的辉煌，但当下，我国处于推动航运大国转型航运强国关键时期，急需要强有力的先棋手。航交所作为航运业产业链最顶端的航运机构，是航运资源、要素、资金、信息交汇点，在航运业中具有不可替代的特殊作用，必然肩负着担当海运强国的重大使命。

（3）全面建设多元开放、国际一流航运交易所

首先，从航运业来看，它将全球各个地区、各个国家通过海上运输方式联通起来，本身就自带多元开放的显著特征。因此，国际航交所建设必须坚持高起点、高标准，引入包括全球航运公司、贸易商、投资银行等在内的境外参与者，大力推动交易国际化、交割国际化、结算环节国际化，建设多元开放、国际化的航交所。其次，当下航运业进入了新的发展时期，大数据、区块链、卫星定位、5G等科学技术迅猛发展，快速渗透到传统依靠信息不对称来赚取高风险、高回报的航运业，对航运业现有运营机制和模式产生了颠覆性、革命性的影响。许多传统航交所逐渐衰败，以数据和信息支撑的新型航交所开始兴起。

---

① 新华网. 习近平考察天津港：做好实业，攀登世界高峰. https://baijiahao. baidu. com/s？id = 1623060969385342865&wfr = spider&for = pc ［2019-01-20］.

在这种背景下，国际航交所必然要在这种新型航交所建设浪潮中占据有利位置、夺取航运话语权。

（4）建成全球重要的航运资源要素交易中心、金融定价中心和风险管理中心

国际航交所的战略定位应当是建成全球重要的航运三大中心，即航运资源要素交易中心、航运资源要素定价中心和航运资源要素风险管理中心。

当前，全球航运资源要素交易比较分散。尽管航运中心集中在伦敦、新加坡、纽约等城市，但是这些中心也仅仅占有少数或部分航运资源汇集优势。从全球分布来看，更多的航运资源要素还是较分散的，如国际海员交易、二手船舶交易、集装箱运价交易等。这些资源要素分散可能是由税负、习惯等多种因素造成的。从我国来看，本身有限的航运资源要素各地争夺激烈，显得更加分散。因此，国际航交所需要在整合全国航运资源要素的基础上，着眼在更高水平和范围内整合优化配置全球航运资源要素。

同时，航运业是一个相对封闭的行业，尽管其信息化、透明化迅速发展，但信息不对称特征仍旧在相当长的时间内存在。这就造成航运资源要素价格也仍存在较大差异。国际航交所要在搭建全球性航运资源要素交易的基础上，构筑更加公开、公平、公正的航运资源要素定价中心，反过来间接吸引更多航运资源要素入驻航交所，形成良性循环，从而推动国际航交所成为全球航交所资源要素定价话语权、标杆。

国际航交所在集聚航运资源要素交易、定价两个中心基础上，完全可以通过设计各种航运风险管理标准化产品，将其打造成全球性的航运风险管理中心。航运业又是一个高风险、高回报行业。从历史上看，全球航运周期一般为 10~15 年。每一次航运周期的萧条-复苏阶段，幸存下来的航运机构都是比较少的。究其原因，一个重要方面就是缺乏航运风险管理的工具和市场。因此，国际航交所打造全球性的航运风险管理中心恰逢其时。

（5）努力在服务实体经济、对外开放中发挥更大作用

总体来看，当前全球航运交易所主要面临两大矛盾：从交易所外部来看，主要是国际贸易发展对航运市场提出的强大需求与交易所的服务方式、服务方法和能力不足的矛盾；从交易所内部来看，长期以来形成的思维方式、业务模式、工作习惯都是围绕单一、封闭的资源要素展开，不能很好地适应多元、开放的市场发展需要。从我国来看，这两个矛盾更加突出。以外贸企业出口为例，大多数都会选择船上交货价（free on board，FOB）方式出口，这就难以享受运价风险管理带来的成本节约。事实上，我国进出口贸易离不开运输成本的高效交易、合理定价、风险管理等全方位诉求。国际航交所的建设，必然会为服务我国实体经济尤其是对外贸易实体企业发展提供便利和保驾护航。

7.3 国际航交所的基本职能及主要内容

围绕国际航交所打造三个创新型的中心，需要厘清其基本职能，国际航交所功能定位突出以服务为宗旨，发挥交易、数据、服务三个基本职能。

7.3.1 交易职能及主要内容

交易职能是国际航交所最基本的职能。航运资源要素的汇集，必然要求航交所具备交易职能。国际航交所交易应当包括以下几个部分。

1. 基础交易

基础交易指的是航运基础资源和要素的交易。结合国际航交所所依托的海南自贸港优势，可以创新探索建立包括航运运价、船舶买卖租赁等交易。

纵观国际航运市场，国际航交所所选择的基础交易市场要素正是当前值得努力的方向。例如，目前国际海员劳务市场主要集中在亚洲，而我国是船员大国,但发展比较滞后,如航运运价方面,欧洲垄断了干散货运价定价权,而我国现在面临着集装箱运价定价权的夺取机会。又如,海南推动国际邮轮母港建设,邮轮旅游必然具备优势。再如,船舶买卖租赁市场广泛存在市场散乱、标准不一等问题,建立统一交易市场势在必行。尤其是海南特色的游艇产业,国际航交所对游艇买卖交易必能大展身手。

2. 金融交易

国际航交所交易职能应当包括围绕航运基础资源和要素交易过程中产生的融资、结算、保险、外币兑换等基本金融交易内容。

事实上,航运业的发展离不开航运金融的推动。首先,航运的价值链从金融开始。在整个产业链中,金融在上游,如果不把金融权握在手里,就无法控制产业链的上游。其次,航运的某些服务和金融息息相关。例如,在保险方面,我国作为世界上第二大船东,在保险市场的份额甚至占不到3%。包括其他服务业,如修船、造船、加油等航运相关的服务,都需要航运金融来配套。资金可以倒逼产业发展,形成良性循环。最后,没有航运金融无法形成良性的临港产业。临港的加工业、物流业都需要金融来支持和配套。港口作为资金密集型的产业,只有金融先行,形成一个以金融为龙头的港航生态圈,才能实现港口繁荣,完成自由贸易港的建设。因此,国际航交所的交易职能和内容必须包含这一部分。

3. 衍生交易

在基础交易和金融交易的基础上,围绕风险管理中心的建设,国际航交所依托航运运价、船舶价格、船舶融资等航运资源要素创新推出包括碎片化运价衍生品设计与风险管理、船舶买卖和融资租赁证券化融资与众筹等航运衍生产品,为广大外贸企业和航运提供风险管理场所。

航运业自诞生之日起就伴随着高风险。航运衍生交易在为航运业提供巨大融资支持和便利风险管理工具的同时，将大大提升海南金融体系深化的程度，必然是海南建设资源配置型国际航运中心的标志性事件。对于国际航交所而言，要坚决实施差异化竞争，侧重开发和运营的应该是既有航交所缺乏动机或无暇去"碰"的业务，创新研发承载数字化、长尾化、碎片化航运衍生品。

7.3.2 数据职能及主要内容

面对科技发展未来，国际航交所需要具备与现有航交所不同的职能，即数据职能。航交所是各种信息汇集的大池子，如何充分利用和挖掘其价值，更好地服务外贸和航运实体经济，是其基本的职能。一方面，在当前大数据、云计算、区块链等新型技术迅猛发展的时期，给国际航交所带来的大数据化机遇前所未有；另一方面，传统的交易所所承载的大宗业务或者说一级批发市场交易平台的定位，已经不太适合未来碎片化、微小化的发展趋势，面临着前所未有的变革。

国际航交所履行数据职能，其主要内容包括航运资源和要素交易的数据收集与整理、数据分析与挖掘、指数编制与发布、业态与政策研判、行业咨询等。重点包括航运指数的编制、航运金融和衍生品交易的数据挖掘。

1. 航运指数的编制

当前，全球的航运运价、船员工资等指数都是通过人工调查、电话咨询等方式编制的，而不是以实际交易的数据编制的，必然存在较大偏差。国际航交所通过自身的交易平台形成底层真实数据，可以编制出一套真实有效涵盖航运市场方方面面、能很好反映中国对世界经济影响的"海南国际航运指数谱系"，从而迅速成为全球航运业的标杆参考。

2. 航运金融和衍生品交易的数据挖掘

国际航交所做强信息中心应进一步开发航运数据价值。以航运数据的多元化分析、挖掘、运维、估值以及权威数据的共享、交换和咨询业务为数据领域的重要抓手，水到渠成推出航运指数衍生品等，建立国际航交所的重要业务增长点和价值作用的亮点。

7.3.3　服务职能及主要内容

一方面，国际航交所要为广大会员客户提供行业公共信息发布、市场培育和市场参与者教育等各类服务。另一方面，国际航交所还要承担一定的航运交易规则制定者、行业自律监管职能。这是因为航交所作为第三方交易平台，应当保持其公正独立性。因此，国际航交所自律职能所涵盖的工作内容应当包括履行航运业相关法律、法规和海南航运交易规则制定、航运交易规范管理、扶持政策实施和为航运交易提供专业性服务等。

7.4　国际航交所的发展目标

根据国际航交所的战略定位和基本职能，要以世界眼光谋划未来、以国际标准建立规则、以创新优势彰显特色的基本思路，做好"寻标、对标、达标、夺标"文章，紧紧围绕市场国际化、数据集成化、产品多元化等战略，努力提高国际航交所服务对外贸易和航运业实体经济的能力、水平以及在全球范围内的影响力。国际航交所发展目标分为短期目标、中期目标和长期目标，具体如下。

7.4.1　短期目标

短期目标（2～5 年，到 2025 年）：初步建成一个在亚洲以航运资源和要素交易为主的交易市场。

涵盖国际船员劳务、集装箱运价、邮轮旅游、船舶买卖等基础交易和金融交易的大数据平台初步搭建，为广大航运业及进出口贸易企业提供便利的航运资源和要素交易平台。

依托基础交易和金融交易的大数据平台初步搭建，国际航交所推出船舶融资和租赁金融业务，能研发集装箱运价指数衍生品，为广大航运企业和贸易企业提供风险管理工具，为航运相关方提供公开、透明、高效信息、咨询、教育培训服务等。

国际航交所主要经营业务交易规则体系初步建成，初步成为面向太平洋和印度洋的区域内行业标准。

7.4.2 中期目标

中期目标（6~10年，到2035年）：建设成为规范、高效、透明、创新型、国际化、综合性的航交所。

国际船员劳务、航运运价、邮轮、船舶买卖等基础交易以及金融交易体系进一步完善，国际航交所成为全球影响力的轻量级航运交易产品交易与研发中心，与新加坡、上海等航交所形成差异化运营的良性竞争模式。

大数据平台功能作用进一步彰显，航运指数谱系、航运衍生品谱系不断拓面拓深，为境内外航运相关各类企业的生产经营提供"指南针"和"避风港"。

国际航交所的航运业基础服务功能不断深化，航运信息、咨询、教育等服务，促进航运业高效、透明可持续健康发展。

国际航交所自律监管体系进一步健全，牢牢守住不发生系统性风险的底线。

7.4.3 长期目标

长期目标（10～20 年，到 2050 年）：建设成多元开放、国际一流的航交所。

国际航交所进入全球一线航交所俱乐部，在国际劳务交易、邮轮旅游交易、碎片化运价交易、船舶证券化交易等细分市场处于绝对领先地位。

国际航交所在全球航运业产生广泛影响，成长为"一带一路"沿线国家和地区航运业务集散中心、全球航运数据的关键枢纽，构成中国航交所体系的南部增长极和亚太航运交易网络的重要节点。

国际航交所守住风险底线，构筑中国航运话语权和定价权，成为航运交易市场和世界贸易市场规则主推手。

7.5 国际航交所的建设原则和策略

7.5.1 建设基本原则

结合上面确定的国际航交所战略定位和发展目标，国际航交所建设的基本原则如下：

1）坚持市场主导与公共服务相结合。依托我国和东亚各国航运市场，构建航运公共服务平台和服务体系，实施"一站式"、"一个窗口"和"全产业链式"服务，激发航运市场活力，实现公共服务的高效化和环境的优质化，为我国自贸区自贸港建设打造一个全新的试验窗口。

2）坚持航运产业集聚与政策支撑相结合。以国际航交所平台为载体，通过降低航运交易成本、便捷航运交易等方式吸引和推动航运产业集聚，提升我国自贸区自贸港经济发展水平；通过自贸区、自贸港以及我国航运相关政策扶持，壮大我国航运产业规模，完善产业链条，为我国争取更大航运话语权和定价权。

3）坚持自主创新发展与多方协作相结合。发挥自贸港政策吸引各类航运要素集聚优势，坚持自主创新发展，紧紧围绕航运业发展趋势和特征，建设凸显我国自贸区自贸港特色和比较优势的航交所；协同中央部委等相关管理部门，以及上海、香港、新加坡等航交所和上海、大连等期货交易所，打造全球性创新型的国际航交所。

7.5.2 阶段性建设策略

国际航交所始终坚持航运起家的底色，积极践行服务航运业、服务对外贸易的初心，持续拓展服务领域和范围，持续创新服务工具和服务方式，逐步发展成为既有基础性的现货交易、金融交易又有衍生品交易，既有场内又有场外，既有境内客户又有境外客户的发展新格局。对照国际航交所发展目标，其建设策略主要细化为四个阶段，具体如下。

1. 启动阶段策略（1 年内）

启动申报审批，结合自贸区和自贸港建设征询业内相关及跨界企业合作意向，完成股东招募事项。

积极做好与证监会、国家发展和改革委员会、中国银行保险监督管理委员会（简称银保监会）、中国人民银行等部委沟通协调，向国务院报送国际航交所组建批筹报告。

2. 短期建设规划（2~5 年，到 2025 年）

完成国际航交所组建工作，获得国家期货交易所牌照。

陆续拿下人民币跨境结算许可、证券化、保险专业代理、经纪或公估等牌照。

建立起国际海员劳务、碎片化集装箱运价、船舶买卖和融资租赁、人民币结算交易平台等。

搭建航运大数据库，编制航运指数体系；集装箱运价指数衍生品落地，搭建场内场外交易平台。

建立市场培育和参与者教育体系，初步实现"多元开放"战略，为建设国际一流航运交易所打下良好基础。

3. 中期建设策略（6～10年，到2035年）

以创新为引擎，进一步完善国际船员劳务、航运运价、邮轮、船舶买卖等基础交易以及金融交易体系；结合航运市场新需求，深入扩展航交所的交易标的物谱系。

夯实航运大数据平台，深入挖掘数据价值，开发航运衍生品谱系，不断增强金融属性，不断吸引境内境外套期保值者、投机者参与交易，防范市场风险，强化自律监管，形成业务齐全、独具特色的国际航交所。

借助先进的信息技术，强化航运信息的传递、市场参与者教育培训等行业基础性服务。

进一步完善航运资源和要素交易、衍生品交易规则新体系，努力成为航运交易市场和世界贸易市场新规则制定者。

4. 长期建设规划（10～20年，到2050年）

在坚决维护市场安全稳定运行的基础上，全面推进国际一流航交所建设，建成全球一流的航运交易中心、定价中心和风险管理中心。

进一步整合航运资源，积极优化市场结构，持续丰富全球航运交易工具和产品，完善场内场外市场建设，不断拓展服务实体经济的广度和深度，不断提高服务对外贸易和航运实体经济的质量与效率。

成为航运交易规则主导者，构筑中国航运话语权和定价权。

7.6 国际航交所建设的创新路径

国际航交所创新发展，必然要具备创新路径。结合现有航运发展趋势和交易所发展趋势，国际航交所必须沿着体制机制、交易标的、小微化三大创新路径快速走，才能取得成功，具体如下。

1. 国际航交所的体制机制的创新

航交所是整个航运市场的核心，是市场创新的最前沿。而航交所的体制机制决定了国际航交所是否领先航运业和交易所的发展趋势。然而，我国现行交易所管办不分的体制机制与国际通行的交易所体制相悖。国际航交所应打破现有交易所会员制的模式，朝公司制的方向发展，在体制上实现"管办分离"，从制度政策上明确航交所的市场主体地位，这将是国际航交所体制的一大创新。

2. 航运交易标的的创新

有别于传统的商品和金融期货及衍生品、航交所，国际航交所将以航运市场为标的，作为创新型航运品种，航运标的与航运市场息息相关。当今航运市场标准化程度不高、信息不对称等现象仍比较突出，且航运标的产品散、乱、差，需要有一个相关场所进行交易。期货场内交易无疑是一个不错的选择，这也是未来航交所潜在的一个发展新趋势。国际航交所紧紧围绕航运产业链条上运价、船价、废钢价等重要资源因素研发标准化的航运期货期权及其衍生品，打造航运衍生品全球性的权威交易平台。

另外，国际航交所的航运交易标的的创新还体现在离岸化的创新特点。航运资源和要素高度国际化，因此，航运交易标的在推出模式上也会参考特定品种对外开放的模式，可以借助航运资源要素交易来绑定人民币结算交易，直接引进境外交易者。这涉及在岸、离岸人民币交易中心对接的问题。对于海南自贸港建设，这个问题能得到较好的解决。

3. 航运交易的小微化创新

历史证明,航运交易及其衍生品交易大宗化标的,交易不活跃,封闭程度高,导致市场价格发现和风险管理功能发挥不足。而经济与金融学理论表明,适当推动航运衍生品迷你化,能引入较多的投机者参与交易,从而活跃航运衍生品交易市场,充分形成合理的价格。

另外,现实的技术创新,给国际航交所的微小化交易提供了充足支撑。5G 技术、云计算、区块链等保证了交易速度、交易效率及交易真实性,这为国际航交所走差异化、微小化的特色之路提供了坚实基础。

因此,国际航交所基础交易和航运衍生品交易可以创新"以小微化交易为核心功能"。国际航交所需要超越传统以及当下新型航交所追求规模化大宗业务的逻辑,敢于敞开视野关注轻量级业务,围绕中小规模外贸企业乃至个人客户的碎片化需求重构业务形态,不断更新企业的组织架构和技术手段,借助"大数据"和人工智能技术,达成对中小微层级客户的"快速反应",形成"聚沙成塔"的良性反馈,进而推动外贸和航运产业链多维度整合,改善航运业资源配置效率,提高航运交易信息的透明度。

第8章 国际航交所建设的方案设计

8.1 国际航交所组织形式设计

8.1.1 全球交易所组织形式

从全球交易所发展历史来看，其组织形式主要分为会员制和公司制两类交易所。

会员制交易所是由全体会员共同出资组建的，认购等额的会员资格费作为注册资本，会员享有在交易所内交易的权利，其核心内容是期货交易所的自我监管和期货交易所的运行不以营利为目的。其具体特点主要表现为以下四个方面：①不以营利为目的，收入不进行分配；②会员资格可以转让；③交易所的所有权、控制权与使用权归全体会员共同所有；④权力机构是会员大会，会员集体决策，通常每个会员只有一票，有同等表决权。目前世界上大多数交易所采用会员制，我国的上海期货交易所、大连商品交易所、郑州商品交易所均是会员制期货交易所。

公司制交易所是指以股份有限公司或有限责任公司的形式设立的交易所。其特点主要是：①交易所以投资者认股或发行股票的形式筹集资金；②投资者是交易所的股东，既可以是交易所的会员，也可以不是交易所的会员，但大多数是股东与会员的"一身二任"；③其权力机构是股东大会和由此选举产生的理事会。欧洲期货交易所、新交所、香港交易所均是公司制交易所。

　　会员制与公司制交易所不但在设立时不同，在实际运行过程中也有明显的差别，主要表现如下：

　　1）设立方式不同。公司制交易所以投资认股或发行股票的形式筹集资金而设立，股份可以转让；会员制交易所则以会员交纳会费的形式筹资设立，会员资格的转让限制较为严格。

　　2）设立的目的不同。会员制法人是以公共利益为目的；而公司制法人是以盈利为目的，并将所获利益在股东之间进行分配。

　　3）承担的法律责任不同。在会员制交易所内，各会员除依章规定分担经费和出资缴纳的款项外，会员不承担交易中的任何责任；而公司制的股东除缴纳股金外，还要对交易所承担有限责任。

　　4）适用法律不尽相同。会员制法人一般适用于《中华人民共和国民法典》的有关规定；而公司制法人，首先适用《中华人民共和国公司法》的规定，只有在前法未作规定的情况下，才适用民法的一般规定。也就是说，公司制的期货交易所在很大程度上由公司法加以规范。

　　5）资金来源不同。会员制交易所的资金来源于会员缴纳的会员资格金等，其每年的开支均从当年的盈利和会员每年上缴的年会费中取得，盈余部分不作为红利分给会员；公司制交易所的资金来源于股东本人，只要交易所有盈利，就可将其作为红利在出资人中进行分配。但这一点区别不是绝对的，英国现有的交易所大多为公司制交易所，但都不以营利为目的，股东没有剩余利润分配权。

　　6）组织机构不同。公司制交易所以股东大会为最高权力机构，由股东大会选举产生的董事会为权力机构的执行机构，董事一般都是交易所的股东；会员制交易所的最高权力机构为会员大会，执行机构为理事会，其成员除会员之外还包括一定数量的非会员社会公正人士。

　　7）组成条件不同。公司制交易所的组成者为公司股东，但不一定是交易所的会员；而会员制交易所组成者则都取得交易所会员资格。

　　尽管会员制和公司制交易所存在上述差异，但它们都以法人组织形式设立，处于平等的权利义务地位，同时要接受证券期货管理机构的管理和监督。

从 1848 年第一个规范的期货交易所——芝加哥期货交易所成立以来，在相当长的一段时间内，非营利性的会员制期货交易所便一直占主导地位，因其有以下几个优点：第一，会员资格和交易特权的垄断，保护了交易所会员宝贵的人力资本，使其免受机会主义的侵占和剥夺；第二，会员的利益与交易所利益直接挂钩，会员具有充分的理由和足够的动力参与交易所的管理与决策；第三，能够加强会员的自律和相互监督，由于交易所的兴衰直接关系到会员的切身利益，会员会在自我管理方面下功夫，减少自身违法行为，并时刻监督着其他会员的行为；第四，规范交易所的运作行为，保证了将收入用在交易所的管理和发展上。

但从 20 世纪 90 年代开始，在世界范围内展开了期货交易所的联盟和合并浪潮，期货交易所的组织形式也出现了由不以营利为目的的会员制交易所向以营利为目的的公司制交易所转变的趋势。例如，1998 年，瑞士期货交易所与德国交易所合并成立了欧洲期货交易所并上市交易；1999 年底，新加坡国际金融交易所与新加坡期货交易所合并成立了公司制的新交所；2000 年上半年，香港联合交易所、香港期货交易所与其各自的清算公司合并成立了香港交易所并已上市；2000 年 4 月，美国证券交易委员会（Securities and Exchange Commiss，SEC）批准了把芝加哥商品交易所由会员制改组成公司制交易所并上市等。这些交易所最终选择进行公司制改造，有着十分复杂的背景，促成这类战略决策的主要因素有：①信息通信技术的迅猛发展提供了日益便捷的交易技术手段，而传统的交易方式和组织形式在保持技术竞争力方面却暴露出很多缺陷；②随着新技术与新型组织模式的新兴期货交易所的茁壮成长，极大地改变了国际期货市场的竞争格局，传统交易所组织形式在新的竞争环境中面临巨大挑战；③有关国家的市场监管部门承诺不断检讨监管规定，跟踪市场变化的步伐，不给国内交易所进行变革以保持竞争实力设置障碍，因此，可以认为打算改制的交易所普遍获得了市场监管部门的有力支持。从目前情况看，公司制交易所的组织体制与会员制交易所的组织体制相比有更大的合理之处，主要体现在以下方面。

1）会员所有制结构严格制约了交易所为获得保持技术竞争力进行必需的投资的筹资，公司化消除了交易所的融资瓶颈，通过股份的划分明确界定产权，可以通过向外部投资者出售股票等多种途径筹集资金，有利于实现规模经济，以应对日益激烈的竞争。

2）会员制交易所从其非营利组织形式及其治理结构出发，其经营行为必定不是为了利润最大化，而是会员的剩余价值最大化，其所有决策主要是为了全体会员的利益，而不是为了提高交易所的整体利益。这就使得由投票方式产生的集体决策往往会牺牲少数会员的利益，甚至有时会出现矛盾的不可协调而导致无法决策，也就使得交易所的应变能力大大削弱，在相当程度上降低了交易所的决策效率。而公司制交易所的经营目标就是交易所利润的最大化，这也是全体股东的最根本利益，公司化会将股东利益统一到最大利润这个目标上来，从而减少内部摩擦，建立起新的富有效率的管理结构，提高交易所应变能力和决策效率。

3）会员制交易所主要是为全体会员提供一个公开、公平、公正的交易场所，不以营利为目的，不管交易所有多少利润，都只能用于交易、服务设施的更新和改造上，决不能用于分红，因此，其降低成本的动力就大大削弱了，从交易所的角度看，其投资效率就大打折扣。而公司制交易所关心的是利润最大化这一全体股东的目标，其降低各项成本、尽量减少或避免低效投资的动力始终处于最佳状态，使得交易所的投资行为更加谨慎，投资更加有效，在非营利期货交易所中普遍存在较高的合约失败率和交叉补贴的现象，可借此得以消除，交易所组织会变得更加具有市场导向和利润导向。

4）如果交易所上市，交易所将受到政府监管部门来自期货和证券双重角度的监管，使政府监管更有效率，提升期货交易所运作的透明度和规范化程度。上市后成为公众企业的期货交易所，也会像其他上市公司一样受到各种媒体和投资者的关注，在分析其业绩和投资价值时，对其正面宣传的效果会非常好。期货交易所成为上市公司，还将受到股东的直接监督，这样会更有助于交易所进一步规范自身行为，提高服务质量和综合能力。

正因为上述优点，交易所从会员制向公司制转化已经成为世界范围内的一种新趋势。

从我国来看，上海证券交易所、深圳证券交易所、上海期货交易所、大连商品交易所和郑州商品交易所成立于20世纪90年代，实行的是会员制，而成立于2006年的中国金融期货交易所则是公司制。近年来，大连商品交易所也在探索改制，但由于历史遗留问题，到目前为止仍迟迟没有下文。

8.1.2 全球航交所组织形式

从全球航交所来看，也经历了从会员制到公司制变革的大趋势。目前，全球航交所实施会员制的几乎销声匿迹。波罗的海航交所是世界上第一家会员制航交所。然而，2016年被公司制的新交所全资收购之后，变成了新交所的全资子公司，因而波罗的海航交所的会员制性质就转化成了公司制。近年来，随着交易技术的革新，电子交易技术在航运交易上的运用，兴起的新型航交所，更是毫不犹豫地抛弃了相对封闭的会员制组织形式转而采取公司制形式，以更高效的管理应对日益激烈市场竞争。上面总结的新型航交所典型，如纽约航交所、Xcneta等都纷纷采取了公司制组织形式，从而方便谋取快速发展。

从国内航交所建设和发展来看，上海航交所、广州航交所、宁波航交所、青岛航交所、重庆航交所、武汉航交所等都是公司制，这些地方性航交所基本上都是政府主导下的有限公司或有限责任公司形式存在。同样地，我国国内最新成立新型的第三方互联网航运交易平台运力网、运去哪等都采用的是公司制。

8.1.3 国际航交所组织形式选择

通过对国内外交易所和航交所组织形式分析，国际航交所组织形式选择，应当选择公司制为基本。其理由如下：

第一，设立公司制组织形式有法可依。国际航交所设立全国性交易所，根据证监会《期货交易所管理办法》（2017 年修订）"第四条经中国证券监督管理委员会（以下简称中国证监会）批准，期货交易所可以采取会员制或者公司制的组织形式。会员制期货交易所的注册资本划分为均等份额，由会员出资认缴。公司制期货交易所采用股份有限公司的组织形式。"因此，国际航交所可以设立公司制组织形式。

第二，设立公司制组织形式适应全球交易所发展趋势。根据上面分析，会员制交易所的收益不能在会员间分配，使会员管理交易所的动力不足；交易所的会员是只能参与期货交易的会员，从而限制通过向其他投资者融资扩大交易所资本规模和实力的渠道；交易所的非营利性质降低了交易所的管理效率，不能适应日益激烈的竞争环境。会员制这些特点，难以成为海南国际航交所的首选。国际航交所面临的是基础极其薄弱、航交所建设又极其激烈的现状，需要动力足、高效率、能快速融资实现业务扩张的公司制来保驾护航。因此，海南国际航交所最优选择是公司制组织形式。

8.2 国际航交所股东结构和资本金设计

8.2.1 国内外航交所的股东结构情况

从现有航交所股东结构来看，全球以股份制公司为主，如新交所、波罗的海航交所等，大多成为公众型股份有限公司。

而我国大部分地方性航交所采取的是政府主导下的有限公司或有

限责任公司，其股东主要是政府部门或者国有企业。例如，上海航交所的股东是上海市政府和交通运输部。广州航交所则是由地方国企——广州产业投资基金管理有限公司、广州金融控股集团有限公司、广州南沙资产经营集团有限公司等联合发起，宁波航交所股东结构类似广州航交所。相比之下，国外航交所公司性质更加市场化、更加透明化（表 8-1）。

表 8-1 国内外现有航交所股东结构基本情况

类别	简称	全称	成立日期	主要股东
国外	新交所	—		新加坡国有控股平台、上市公司
	纽约航交所	—		高盛、达飞、马士基等
国内	上海航交所	上海航交所	1996 年 1 月 30 日	交通部、上海市人民政府
	广州航交所	广州航运交易有限公司	2015 年 4 月 20 日	广州产业投资基金管理有限公司（1 000 万元）、广州金融控股集团有限公司（1 000 万元）、广州南沙基础设施投资有限公司（2 500 万元）、广州港股份有限公司（2 500 万元）
	宁波航交所	宁波航运交易所有限公司	2011 年 11 月 14 日	宁波市金江投资有限公司（1 000 万元）、宁波保税区市场发展有限公司（1 000 万元）、宁波市江东区国有资产投资有限公司（1 000 万元）、宁波大榭开发区投资控股有限公司（1 000 万元）
	青岛航交所	青岛国际航运交易所有限公司	2009 年 2 月 20 日	青岛三紫文化艺术产业有限公司（10 000 万元）
	重庆航交所	重庆江顺航运有限公司	2013 年 1 月 18 日	成都欣华欣物流有限公司、成都银丰恒投资咨询有限公司
	武汉航交所	武汉航易集团有限责任公司	2016 年 12 月 19 日	武汉航运交易所（500 万元）
	北部湾航交所	北部湾航运交易有限公司	2019 年 12 月	中国—东盟信息港股份有限公司（10 000 万元）

8.2.2 国际航交所股东结构方案对比选择

股东结构是整个公司治理制度中的产权基础，通过股东大会，决定了内部监控体系的构成机制和运作方式，对董事会和监事会人员选择与工作效率发生直接影响，进而作用于管理层，最后在企业经营业绩中综合体现。因此，股东结构设计的合不合理，直接决定了国际航交所的战略发展。

1. 国际航交所股东选择原则

总的来看，国际航交所的股东结构设计应当符合市场化、国际化、科技化的多元结构。根据国际航交所设定战略定位和发展目标，筛选出比较有影响力又利于航交所发展方向的股东。国际航交所股东选择应当满足三个层次的需求：第一层次，政府控制需求；第二层次，集约资源需求；第三层次，平衡制约需求。股东选择原则具体如下。

第一层次：符合国家战略，应当有政府背景。

第二层次：①符合航运资源和要素整合，应当有港航大型企业参与。同时还应当有为国际航交所带来国际航运信息服务资源的中资或外资公司。②符合行业趋势，应当有跨境电商平台，能解决大部分客户和交易资源的集合。③符合科技特点，应当有海运第三方互联网科技平台，协助解决航运科技技术以及基础航运大数据运营与发展问题。④符合平台管控，最好有大型期货交易所参股，能最大限度提供成熟期货交易所经验和技术。⑤符合风险投资要求，着眼首次公开招股（initial public offering，IPO）成为股份制公司，应当吸纳风险投资基金、投资银行等战略投资者参股。

第三层次：符合利益平衡要求，股权的控制权和集约资源的功能在很多情况下会产生矛盾，需要设计好平衡国际航交所和股东之间、大股东和小股东之间、管理团队和股东之间的利益。

2. 国际航交所股东结构方案对比

围绕股东选择原则，国际航交所组建应当着眼全球范围内吸纳优秀股东。为此，对比如下三种方案（表 8-2）。

表 8-2　国际航交所股东结构方案对比

方案	优势	劣势	适合性
政府绝对控股型	保证国家战略有效落实	国际化难度较大、经营效率偏低	一般
政府相对控股型	保障国家战略落实，同时确保市场化经营	国际化认可认同需要较长时间	较优
股份均衡型	国际化容易实现、市场化程度较高	国家战略实施可能存在偏差	一般

（1）政府绝对控股型方案

国际航交所采取政府绝对控股型方案，要求政府（包括国有大型港航企业）取得绝对控股权（占股 66.7%，2/3 的投票权）。同时，剩余股份用于吸纳港航大型企业、科技企业以及期货交易所等法人股东加入。

政府绝对控股型方案主要优势在于有利于保证国家战略不折不扣得到落实执行，有利于保障我国海运利益。缺点也很明显，即国际化难度大，市场化经营效率偏低概率较大。

（2）政府相对控股型方案

国际航交所采取政府相对控股型方案，要求政府（包括国有大型港航企业）取得相对控股权（相对控股：占股 51%，大于 1/2 的投票权）。同时，向更大范围更多的航运机构、科技企业、期货交易所等吸纳股东，实现多元化、国际化。

国际航交所采取政府相对控股型方案，主要优势在于一方面能确保国家战略有效落实；另一方面通过较好地引入更多航运资源供给方作为股东，能更好地实现市场化经营。例如，引入国内外全球著名港航企业，有利于国际化；又如，引入全球大型期货交易所，有助于完善产业链运输环节的运价定价权，等等。劣势在于政府控股仍占较大比例，受制于政府控股战略目标与其他股东目标存在偏差等因素影响，股东协同效应可能导致经营效率偏低，国际化认可认同需要较长时间。

（3）股份均衡型方案

国际航交所采取股份均衡型方案，意味着没有任何一家股东掌握控股权，股东之间相互制衡。这种方案下，政府（包括国有大型港航企业）不再是控股股东，更多的股份资源可以用来吸纳和提升更多更强市场化的法人机构参与建设热情及投入。

股份均衡型是多个股东制衡的股权结构，容易实现股权结构的多元化。其最大的优势：一是国际化容易实现，尤其是引入外资全球性大型港航企业作为重要股东时，相当于拿到了重要的国际化入门券，更加有利于树立国际话语权。二是市场化程度较高，股份均衡型方案情况可以最大限度激发经营管理层的活力。国际航交所可以通过引入国际化的管理团队，高标准、高起点对照国际规则建设，能显著提升全球竞争力。劣势在于履行国家战略责任和使命，可能存在较大偏差。

3. 国际航交所股东结构最优方案设计

国际航交所建设的根本目标仍是确保服务国家战略不偏离。综合上面三种方案对比，国际航交所应当采取政府相对控制型方案。国际航交所股东结构最优细化方案为：第一，以国家航运企业（如中远海运集团、招商局集团等）为相对控股方为主，牢牢掌握控股权，主导国际航交所的发展目标和实施，紧紧围绕国家战略这个中心不偏离。第二，引入全球性大型港航企业作为第二大股东，如马士基、达飞等航运企业，吸纳全球性航运资源汇集，能有效解决海南航运资源要素缺乏的突出问题。同时帮助国际航交所直接以高标准展开建设。第三，引入跨境电商平台、海运第三方科技平台、国际航运信息服务资源企业、国内外大型期货交易所等作为重要战略投资股东，打造全球化标杆国际航交所。第四，适当向社会吸纳风险投资基金、投资银行等，为将来上市、航运金融资源汇集和业务开展等基础性工作做好准备。

基于以上分析，建议国际航交所设定时股东结构见表8-3。

表8-3 国际航交所股东优化结构 （单位:%）

股东层次	股东名称	股份占比
一	政府投资控股平台	51
	国有大型航运企业	
二	国外大型港航企业	15～24
三	跨境电商平台	20～25
	海运第三方科技平台［如亿海蓝（北京）数据技术股份公司等］	
	国际航运信息服务资源企业	
	大型期货交易所（上海、大连、香港交易所等）	
四	其他（风险投资基金、投资银行等）	≤4

8.2.3 国际航交所的资本金设计

搜集整理国内外期货等法律法规，发现并没有相关条款规定交易所的最低资本金。但是，从国内外期货交易所来看，大多数交易所的资本金都不低。例如，中国金融期货交易所资本金达到了100亿元。新设的广州期货交易所注册资金为30亿元，其中政府出资50%，其余50%来自企业、社会等募集。新交所、欧洲能源交易所、芝加哥商品交易所等上市企业，股东权益更是达到了百亿美元级别。

因此，为打造国际化、全球化影响力，建议国际航交所首期募集实缴资本金40亿元、400 000万股（面值1元/股），后续视业务发展情况进行调整。结合股东优化的结构，设计国际航交所股本结构见表8-4。

表8-4 国际航交所拟定的股本结构

股东名称	募集股份/万股	股份占比/%
政府投资控股平台	20 400	51
国有大型航运企业		
国外大型港航企业	6 000～9 600	15～24

股东名称	募集股份/万股	股份占比/%
跨境电商平台	8 000~10 000	20~25
海运第三方科技平台〔如亿海蓝（北京）数据技术股份公司等〕		
国际航运信息服务资源企业		
大型期货交易所（上海、大连、香港交易所等）		
其他（风险投资基金、投资银行等）	≤1 600	≤4

8.3　组织结构（三会一层）设计

8.3.1　设计原则

把国际航交所打造成一家全球化现代企业，必须设计好其组织结构。从现代组织结构的类型来看，包括直线制、职能制、直线职能制、事业部制、超事业部制以及矩阵制等。从波罗的海航交所以及国内外期货交易所等发展经验来看，大多数采取了事业部+矩阵制相结合的组织结构类型。因此，国际航交所可以结合自身发展定位和业务模式特征，设计好组织结构，确保企业高效运转。总的来讲，国际航交所组织结构设计，应当满足如下原则。

（1）满足现代企业运营效率基本原则

国际航交所采取公司制且目标指向全球化，首先必须满足现代企业分工协作、权责对等、协调有效、执行监督、集权分权等科学设置要求。

（2）满足发展战略定位和目标基本原则

国际航交所服务国家"一带一路"倡议、海运强国等战略，作为承载实体企业，要求把党的基本要求无缝嵌入现代企业组织结构，确保立场、经营不偏。

（3）满足航交所业务模式发展基本原则

与其他交易所聚焦的主业不同，国际航交所聚焦航运产业链条上的资源要素交易服务和风险管理服务，必然要求重视具体业务和模式的创新发展，因此其组织结构也需要对焦业务模式并提供支持。

8.3.2 三会一层设计

根据上述设计原则，国际航交所应当采取三会一层的现代企业治理组织架构，即股东大会、董事会、监事会、高管层。

1. 股东大会

股东大会是国际航交所最高权力机构。由全体股东组成，对航交所重大事项进行决策，有权选任和解除董事，并对航交所经营管理有广泛的决定权。依法制定经营方针和投资计划，审议批准董事会、监事会报告，审议批准年度财务预算决算报告、利润分配方案和弥补方案，以及修改公司章程等重大事项。认可和批准重大的人事任免与重大的经营决策等。

2. 董事会

国际航交所董事会是对内掌管航交所事务、对外代表航交所的经营决策机构。对股东大会负责，执行股东大会的决议，决定航交所战略规划和经营计划、决定内部管理机构的设置、制定基本管理制度等，以及聘任或解聘执行官等。

国际航交所根据现代企业建设、发展战略和业务发展要求，下设9个专业委员会：战略规划委员会、提名薪酬委员会、审计合规委员会、咨询委员会、交易委员会、数据与指数委员会、会员委员会、清算风控委员会、信息技术委员会。其中前3个委员会为现代企业科学设置要求，后6个委员会主要是满足航交所发展目标所设，具体职能设计如下。

战略规划委员会：负责就航交所发展、业务开拓等战略性问题拟定规划，并向董事会提出建议。

审计合规委员会：对航交所经营合规合法性和效益性进行独立评价监督；就内控、风险等问题向董事会提出意见和改进建议。

提名薪酬委员会：负责审查董事及高管的选任制度、考核标准和薪酬激励措施，并向董事会提出建议。

咨询委员会：对航交所开设论坛、新产品反馈等进行咨询，并向董事会提供建议。

交易委员会：对航交所的基础交易、金融交易以及衍生品交易等进行评估监督，就存在的问题和风险向董事会提出改进意见。

数据与指数委员会：对航交所负责的航运数据发展、运用等进行独立评价和提出意见；对航运指数进行监督并负责独立审查其整体运作和确定过程。

会员委员会：对航交所的会员服务战略、社会责任及其与会员、政府、监管机构和全球航运界关系进行评估监督并提出建议。

清算风控委员会：对航交所场内场外交易的清算和风险管理制度、规则等进行评估与监督，定期审查并向董事会提供建议。

信息技术委员会：对航交所的信息科技技术实施、改进等提出独立评价意见，促进航交所发展。

3. 监事会

监事会是国际航交所的法定必设和常设监督机构，负责检查航交所财务，对董事、执行官等高管履行职责时违反法律、法规或者航交所章程的行为进行监督等职责，并通过审阅航交所上报的各类文件，对航交所经营状况、财务活动进行抽查和监督。

4. 高管层

国际航交所高管层主要包括总裁、副总裁、财务负责人、董事会秘书和章程规定的其他人员。根据《中华人民共和国公司法》和章程，经理层负责组织航交所的日常生产经营管理活动，组织实施董事会决议，并将实施情况向董事会报告。总裁主持航交所日常经营管理工作，对董事会负责，并向董事会报告工作。建议设置总裁 1 名，副总裁 3 名。经理层均进入公司领导班子。总裁可兼为副董事长或董事。

需要特别指出的是，高管层尤其是总裁应当采取全球招聘方式，确保吸纳全球性顶尖航运金融人才，更好保障国际航交所的发展战略和目标落地。

总的来看，董事会、监事会以及高管层依据国际航交所章程和议事规则等规章制度，各司其职、有效制衡、互相协调，不断完善企业管治、加强风险管理和内部控制，不断提高航交所的经营管理水平和经营绩效。

8.3.3 国际航交所管理组织结构

国际航交所管理层采用事业部制+矩阵制的扁平化的组织架构，结合业务板块分进行职能设置，共设立 14 个部门：总裁办公室（党委办公室）、驻外代表处（地区总部）、系统规划办公室、基础交易部、金融交易部、衍生品交易部、数据与指数中心、会员服务部、清算部、信息科技部、财务部、国际合作部、法律和合规监督部、人力资源部。其中基础交易部、金融交易部、衍生品交易部、数据与指数中心 4 个部门为一线业务核心部门。各部门具体工作内容如下。

总裁办公室（党委办公室）：负责航交所公文管理、办公会议组织、机要保密、档案管理、秘书服务、文字综合、协调督办、公务接待统筹、对外联络等日常工作。牵头负责航交所对外投资项目的调研论证和组织实施，负责综合协调董事会日常工作；负责股东大会、会员大会等相关会议的筹备和组织。同时，行使党委办公室职能，负责综合协调航交所党委日常工作，负责航交所基层党建和企业文化建设。

驻外代表处（地区总部）：负责航交所在国内外重点地区的对外业务和市场开发、服务延伸和落地、对外宣传、会员培训和投资者教育等工作。

系统规划办公室：负责航交所信息系统整体规划的制定及推进落实，包括整合业务和技术需求、确定系统架构设计方案、制定建设路线图并组织实施；制定信息系统升级、扩容计划，推动航交所整体信息系统架构的优化；推进灾备数据中心的建设；IT项目立项及项目实施过程管理；跟踪研究新技术，牵头或参与重大技术攻关和创新。

基础交易部：负责船员、邮轮、运价、船舶等基础交易业务的创新研究和日常运行管理；开展市场运行质量的分析；开展基础交易模式的优化改进等。

金融交易部：负责基于基础业务的船舶融资租赁、航运保险等金融交易的创新研究和日常运行管理；负责航运金融服务；已上市业务维护等。

衍生品交易部：负责运价、船舶等航运金融衍生品交易业务的创新研究和日常运行管理；开展交易指令、撮合机制等交易模式的研究和优化；做市商业务研究和运行管理；投资者适当性制度研究和管理；交易系统风险管理研究与创新。负责航运金融衍生品服务；新品种研发；已上市品种维护等。

数据与指数中心：负责基础交易、金融交易以及衍生品交易等部门产生的航运大数据维护、加工、研发等；负责基于运价、船舶价格等现货交易价格编制全球性标杆航运指数，并协助相关业务部门研发新产品、新业务。

会员服务部：负责会员资格管理；会员服务、市场推广、投资者教育、期货学院工作的组织策划、统筹协调及推进落实；专业投资者和机构投资者的开发与维护；会员与市场信息的收集、分析和利用；投资者教育及市场宣传材料的编写与制作。

清算部：负责交易、交割清算业务办理；清算风险防范与管理；

会员保证金管理；保证金存管银行管理；清算数据分析及数据报送；手续费政策研究、制定、实施与调整。

信息科技部：负责提供统一的业务和技术运营支持服务；负责航交所信息系统相关项目的需求立项、方案设计、集成建设；参与应用软件项目的需求、设计和测试工作，负责应用软件项目的非功能需求及验收、项目上线与运维工作；负责同城、异地数据中心的基础设施、服务器、存储、网络、数据库、信息安全、监控、应用软件等系统的运维管理；负责信息安全、质量管理及运维管理体系的建立和实施；负责所内部门和外联单位的技术服务支持工作。

财务部：负责航交所年度财务预算的制定、执行、监督和反馈，编制决算报告；财务核算；财务收支的控制与监督；自有资金的安全存管；对外财务数据的编报；会计档案的管理等工作。

国际合作部：负责境外关系开发与维护；统筹协调境外合作与交流；组织因公出访计划的制定和实施；建设、更新与维护英文网站；策划、组织与实施境外培训项目；负责航交所海外市场推介与业务拓展；跟踪和分析境外市场最新动态；研究航交所对外开放政策；筹划组织国际性专题或综合型论坛、会议；对外交往的翻译工作；英文信息发布与审核等。

法律和合规监督部：负责航交所章程的制定和修改；组织航交所业务规则的研究、规划、论证、制定、修改、发布和解释；合规咨询、合规审核、合规督导、合规培训等合规管理工作；组织违规案件审理和处理；办理对外查询出证和司法协助事务；处理航交所涉诉事务及法律纠纷；开展相关法律法规研究、法律咨询、法制宣传教育等法律实务工作。

人力资源部：负责国际航交所机构设置及职能管理；全球人员招聘、薪酬福利、绩效考核、教育培训、职级职称、劳动关系、社会保障等劳动人事工作；干部管理及队伍建设；承办党委组织部的工作职能。

8.4 国际航交所业务模式设计

8.4.1 主要业务交易平台设计

根据国际航交所的主要业务定位，其交易平台可以设计成基于区块链、物联网等技术的"4+1+1"核心平台，如图8-1所示。

8.4.2 主要业务设计

国际航交所重点业务根据第7章的国际航交所战略定位、发展目标和阶段性任务确定。紧紧围绕国际航交所打造三个创新型中心和三个基础性职能，主要业务设计如下。

1. 基础要素交易

主要设计成三块。

（1）国际海员劳务交易

借鉴国内与中远海运集团、招商轮船、中国外运等，香港的东方海外、华光船务、上海泰昌祥船舶管理协会等，国外与 V-SHIP、英国Zodiac、希腊 Angelicoussis、法国 CMA 等的船员劳务公司经验，打造在线国际船员劳务集散中心及世界海员俱乐部，具体业务如下。

船员招聘：为国际海员劳务交易双方提供在线交易服务。

船员培训：航交所为国际海员提供在线教育培训服务。

证书服务：航交所为国际海员提供专业培训证书、船籍国海员证、船员服务簿、黄热病疫苗接种、海员证、护照等证书办理服务。

船员服务：依托海南政策优势，为国际海员提供薪资管理、社保、金融、保险服务，促进国际海员劳务交易更规范化。

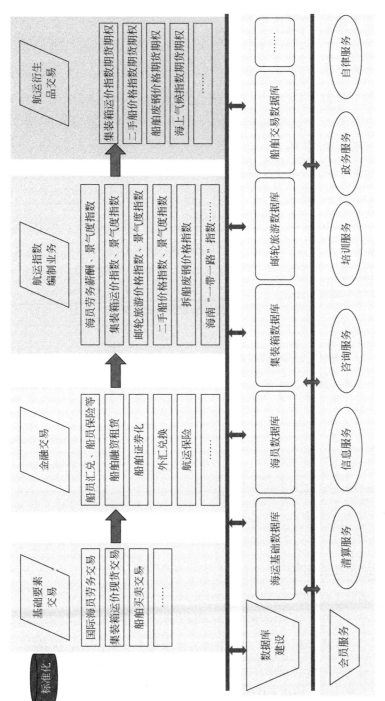

图8-1　海南国际航交所主要业务交易平台设计

（2） 集装箱运价现货交易

国际航交所可以根据进出口贸易发展趋势及特点，进一步设计包裹化、碎片化的集装箱运价交易产品，运用互联网、区块链等技术搭建交易平台，吸引广大进出口企业尤其是碎片化拼箱式的货主，以及集装箱班轮公司入驻到集装箱运价交易方在平台上进行真实透明交易。

（3） 船舶买卖交易

依托交通运输部、国家税务总局、银保监会和海事局等部门与中国船级社相关资源，提供评估、鉴证、过户、登记等船舶交易"一站式"综合服务，开展集装箱、干散货、油轮、特种船、客船、液化气船以及海南特色的邮轮、游艇等各种类型船舶及船用设备买卖交易业务；发挥信息化资源优势，开展数字化交易业务。主要业务模式见表8-5。

表 8-5　国际航交所船舶买卖业务模式

业务名称	主要内容
船舶交易鉴证	航交所为企业购置二手船舶、申请进行船舶检验和申领船舶证书凭证时出具交易证明
船舶交易合同	航交所为二手船舶买卖提供标准制式合同服务
船舶招投标	航交所为二手船舶交易双方招投标提供服务
船况勘验评估	航交所提供融资船舶价格评估、涉案船舶价格公估、保险船舶出险后的检验和估损理算等服务
游艇交易	航交所为海南游艇交易提供服务

2. 金融交易

（1） 船舶融资租赁

在提供船舶交易基础服务的基础上，开展船舶融资和租赁金融服务。依托平台优势，搭建船舶融资和租赁互联网风控系统，致力于建设创新型二手船融资模式，为全国乃至全球中小船东解决融资难的问题，成为二手船交易金融市场的主导者。主要经营模式如下。

模式1：传统金融机构融资+互联网动态风险监控模式

与银行、理财机构等传统金融机构联合创新，航交所利用船舶日常经营、船员薪资动态等数据和船舶动态位置等科技手段为传统金融机构提供船舶融资风险动态跟踪服务，通过船舶招投标和船舶管理等合作机构提供不良资产处置服务，实现三方共赢（图8-2）。

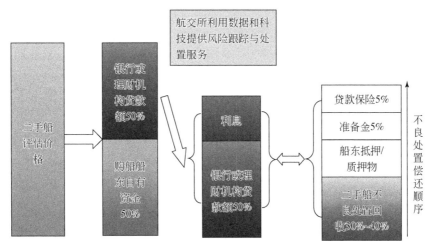

图 8-2　国际航交所船舶传统融资创新模式 1

模式 2：股权众筹融资+互联网动态风险监控模式

利用我国互联网金融发展基础较好的优势，创新航运融资证券化，建立跨界共创的"众筹模式"：借鉴股权融资模式，将二手船船舶融资设计成互联网股权众筹模式并发售出去，同时，航交所利用数据科技手段为互联网船舶融资股东提供船舶融资风险动态跟踪和不良资产处置服务。

（2）航运保险

分销保险公司的航运保险产品。同时利用自身平台资源，设计新的航运保险产品，更好地服务海运业风险管理需求。承接中国国际贸易促进委员会海损理算业务。重点业务如下：

国际海员保险。针对现有保险产品和服务难以惠及海员的现状，与保险公司联合研发以人民币或美元计价的个人或团体重大疾病保险、意外医疗保险、养老年金保险等，提升海员风险保障水平。

海上保险。联合保险公司针对海运新业态新模式的风险管理需求，加大开发人民币或美元计价的船东责任保险、货运险、船壳保险、保赔保险、游艇保险、邮轮旅游责任保险以及无船承运业务经营者保证金责任保险、提单责任险、甩柜保险等新型保险产品，切实为航交所会员客户提供更广泛的风险管理工具。

（3）外汇兑换

服务人民币国际化，申请人民币自由兑换试点，支持金融机构开展融资、租赁、金融结算和第三方支付业务。

3. 航运指数编制业务

（1）指数编制业务

国际航运指数是中国航运及国际贸易产业的风向标，是中国软实力的体现，其标志意义及影响力远大于海南港口码头建设及吞吐量。主要针对上述基础要素交易形成的真实数据进行加工设计，形成有典型中国元素的权威国际指数体系，具体如下。

针对基础性交易业务编制如下指数：①海员劳务薪酬、景气度指数等；②集装箱运价指数、景气度指数等；③邮轮旅游价格指数、景气度指数等；④二手船价格指数、景气度指数等；⑤拆船废钢价格指数等。

针对自贸港建设编制海南"一带一路"指数：从全球典型航线中筛选出与中国贸易相关的好望角型、巴拿马型、超灵便型、灵便型、超大型油轮、成品油轮、集装箱出口等航线作为构成海南"一带一路"指数。根据中国贸易航线格局的变化，再加入一些来自中国的航线的数据资源，逐步实现综合指数下不同船型市场的分指数体系，更精准地描绘中国国际航运的状况。

同时，聘请国际认可的第三方国际航运研究机构，如英国的德鲁里（Drewry）对各典型航线的海运价值作出权威评估，确保该指数能很好地反映中国对于国际航运市场的影响力。

（2）数据库建设

A. 海运基础数据库

对接亿海蓝（北京）数据技术股份公司等第三方海运平台的船位

数据、轨迹数据、航次数据，以及整合海事、工商、海关、劳动保障等各方数据，构建海运基础数据库，实现 1+1>2 的数据价值。

B. 交易数据库

建设订舱、碎片化集装箱运价及其衍生品交易等数据库。建设船舶买卖和租赁及其衍生品交易数据库。

4. 航运衍生品交易

紧紧围绕航运产业链条重要资源的定价话语权和风险管理中心展开创新，重点基于集装箱运价指数衍生品研发上。借鉴干散货 FFA 和期货期权等经验，选择中国—中欧、中国—东南亚、中国—美国等重点航线的运价指数作为标的，设计成 12 个月份合约、现金交割或运力交割方式的集装箱运价指数衍生品。

另外，应对小额碎片化集装箱拼箱运价风险管理需求，创新设计碎片化集装箱运价期货期权等衍生品（集装箱运输方式下的最低运费规定的最低运费吨，也称计费吨，运费吨包括重量吨和体积吨两种），明确合约规模、交割月份、交割方式等，独特创设小额集装箱运价衍生品，创新场内、场外衍生品，建立中小微进出口企业普惠衍生品谱系，更好地服务新贸易时代的规则制定话语权。

同时，聚焦航运产业链条上的船舶价格、拆船废钢价格指数等研发相关衍生品。

5. 会员服务

建立客户端管理系统，打造国际航交所优势服务。

（1）清算服务

主要包括各大交易清算、外币和人民币清算等服务。

（2）信息服务

整合海南、全国和全球公共物流信息重要平台与国际航交所航运交易平台的信息资源，开展交易数据、港航信息、政策法规、行业动态等公共信息发布业务；会同专业研究机构，研究编制发布航运年度发展报告以及细分市场分布报告等。

（3）培训服务

向会员客户提供运价交易、邮轮旅游、船舶交易和融资租赁交易、国际海员劳务交易等培训服务。

（4）咨询服务

开展海员交易、集装箱运输、邮轮旅游、船舶及二手船舶交易等商务咨询服务。

举办国际航运年会或论坛。与 BIMCO、伦敦船东互保协会（P&I）、贸易风（Trade Wind）、亚洲海事技术合作中心（MTCC-Asia）、ICS、Capital Link、香港船东会等联合每年在海南举办一次类似希腊波塞冬（Posidonia）国际海事展，宣传国际航交所品牌。

（5）政务服务

依托海口海关相关资源，建设"一站式""一个窗口"口岸服务业务窗口；联合海口海事法院、仲裁机构、贸促会等开展海损理赔、航运纠纷处理、港航法律法规的咨询服务业务；利用国际航交所综合信息资源，建立港航业信用评价体系；依托海南海事局、海南省人力资源和社会保障厅及行业协会等相关资源，开展注册、登记、鉴证、签证等业务，使航运交易更加便捷。

（6）自律服务

制定相关领域自律公约、惩戒机制，作为第三方监督交易欺诈、诚信缺失、产品质量瑕疵等问题，确保国际航交所相关市场秩序井然有序。

8.5　风险控制体系设计

国际航交所建立健全具有"事前风险识别与防范、事中风险监测与完善、事后风险监督与整改"的现代风险管理体系。重点防范以下几个风险。

（1）交易风险防控

构筑交易管理制度化、风险控制及时化、管理人员专业化的承保管理体系，加强交易风险管理的制度建设，设定交易条件，提高交易政策的执行力，注重实际勘察，加强交易风险评估，提高交易管理技能，准确核定风险，从而提高交易业务质量，促进公司盈利。按照国家有关规定建立、健全下列风险管理制度：保证金制度；当日无负债结算制度；涨跌停板制度；持仓限额和大户持仓报告制度；风险准备金制度；结算担保金制度等。

当市场出现异常情况时，期货交易所可以按照其章程规定的权限和程序，决定采取下列紧急措施：提高保证金；调整涨跌停板幅度；限制会员或者客户的最大持仓量；暂时停止交易；采取其他紧急措施。

（2）互联网风险防控

遵循安全性、保密性和稳定性原则，加强互联网风险管理，完善内控系统，确保交易安全、信息安全和资金安全。建立对各子电子交易平台的管理制度，建立必要的防火墙。切实提升技术安全水平，妥善保管会员客户资料和交易信息，杜绝非法买卖、泄露会员客户的信息。加强反洗钱和防范金融犯罪，采取有效措施识别客户身份，主动监测并报告可疑交易，妥善保存客户资料和交易记录。

（3）法律合规风险防控

建立合规体系和制度，成立专门的部门及指定合规负责人进行管理，要求每个部门必须熟悉监管政策。通过认真地贯彻落实各项监管政策，强化合规风险管理，保证各项制度和格式文本的合法合规性，加强员工的法律教育，增强其责任心和原则性。

（4）运营风险防控

一是建立健全技术开发风险防控体系，制定和完善与业务性质、规模、风险特征相适应的运营风险管理制度和程序，建立科学的市场风险识别、计量、监测和控制程序及信息管理系统；二是做好应对海事仲裁风险的对策，对合同环节众多且错综复杂的纠纷制定应急处理方案，依据专业水平任命仲裁员，在交易过程中可自由选择仲裁员等制度。

第9章 | 我国组建国际航交所的保障措施

9.1 国际航交所法律保障

推动将建设国际航交所写入《中华人民共和国海南自由贸易港法》，从国家法律保障层面给予法律地位。从国际实践来看，发达国家一般采用"先立法、后设港"的做法，一些发展中国家或地区立法和设港的顺序虽不完全相同，但也普遍在较短时间内建立了专门法律制度。例如，阿拉伯联合酋长国在迪拜自由贸易港起步前基于国家层面修法、创法，为迪拜自由贸易港制度体系的建立和发展扎牢了法律根基；新加坡在20世纪60年代相继颁布了《自由贸易区法令》和《自由贸易区条例》，对自贸区的区域性质、法律地位、管理体制、优惠制度、监管模式等做出了明确规定；韩国于1970年颁布《出口自由区建立法》，依据该法，韩国首个出口专用工业区——马山自由区正式设立；马耳他在确定自由港发展战略后较短时间内先后制定了《商业航运法》和《自由港法》，并在此后进行多次修订，对马耳他港航产业的可持续发展发挥了促进和保障作用。这些国际上成功的自由区普遍具有立法超前、修法及时、体系完整、制度健全的特征，而投资者对于规则体系和法治环境的信赖也恰是这些自贸港取得成功的基石。

2019年3月，中央全面依法治国委员会第二次会议审议通过了《关于全面推进海南法治建设、支持海南全面深化改革开放的意见》，这是中央和国家层面出台的第一个支持地方法治建设的文件。第十三届全国人民代表大会第二次会议期间，在全国人民代表大会及其常务委员会的大力指导和支持下，海南代表团提出的关于启动海南自贸港法立法工作的议案被大会采纳，开展立法调研起草工作被列入了2019 年全国人民代表大会常务委员会工作计划。2019 年 11 月 15 日，中国证监会发布关于就《期货交易所管理办法（征求意见稿)》公开征求意见的通知。借此机会，建议将建设海南国际航交所写入《中华人民共和国海南自由贸易港法》，赋予其更高法律地位。海南国际航交所的法律保障应寻求在经营性质、高管任免、产品备案、监管体制 4个方面实现突破。

9.1.1 经营性质法律保障

赋予国际航交所可以营利的经营目的。

中国证监会《期货交易所管理办法》（2017 年修订）第三条规定，"本办法所称期货交易所是指依照《期货交易管理条例》和本办法规定设立，不以营利为目的，履行《期货交易管理条例》和本办法规定的职责，按照章程和交易规则实行自律管理的法人。"《期货交易管理条例》（2017 年修订）第七条规定，期货交易所不以营利为目的，按照其章程的规定实行自律管理。这就极大限制了海南国际航交所经营的积极性。期货交易业务是航运交易市场的特色业务，航运市场的波动性给予了期货市场大量的交易机会和策略。

纽约航交所、新交所等国外航交所本身是以营利为目的的股份公司，2016 年 11 月，新交所完成了对伦敦波罗的海交易所的收购，实现了新加坡与伦敦的优势互补。在盈利的驱动下航交所不断完善自身的技术能力、提升自己的服务水平，这也是目前纽约航交所和新交所能发展至此的主要原因之一。近年来，国际知名航交所深度联合行业主体、优化线上航运服务以及完善电商平台建设，不仅与马士基、达飞、中远等航运业巨擘存在航运业务合作关系，而且与多家船公司建立资本纽带关系，吸引船公司入驻航运交易所。同时，逐步将重心转向航运数字化发展与平台建设，不断推进航运服务的智慧化进程，共同促进航运业的数字化转型。国外成功航运交易所的发展经验：可盈利的航交所更有活力与韧性，对于风险有很高的抵抗能力，有利于提高服务质量与工作积极性。因此，海南国际航交所的立法体系应以已有文件为基础，以国外航运交易所政策为参考，为海南国际航运交易所发展提供良好的政策保障。

9.1.2　高管任免法律保障

赋予国际航交所高管任免的权利自由。《期货交易所管理办法》2007 年版第二十七条规定，理事会设理事长 1 人、副理事长 1 ~ 2 人；理事长、副理事长的任免，由中国证监会提名，理事会通过；理事长不得兼任总经理。《期货交易所管理办法》2007 年版第三十三条规定，期货交易所设总经理 1 人，副总经理若干人；总经理、副总经理由中国证监会任免；总经理每届任期 3 年，连任不得超过两届；总经理是期货交易所的法定代表人和理事。《期货交易所管理办法》2007 年版第三十五条规定，期货交易所任免中层管理人员，应当在决定之日起 10 日内向中国证监会报告。

通过以上立法规定不难看出，航交所的高管需要由证监会或其他监督管理机构决定，或者最后需要通过监管部门的审批，任免权的限制给国际航交所造成了极大的不便利。非独立的任免权使得海南国际航交所难以自由地任用符合自身发展战略、熟悉自身发展现状的高管，极大地束缚了自身发展。同时，无法独立任免高管使得职位上升产生的鞭策作用减弱，对于高管自身的积极性产生了很大限制。因此，国际航交所立法体系的建立应该突破证监会《期货交易所管理办法》2017 年版文件，在全国人民代表大会及其常务委员会采纳的"启动海南自贸港法立法工作的议案"中赋予海南国际航交所高管任免的权利自由。

9.1.3　产品创新法律保障

航运期货及期权衍生品产品实施备案制。

2018 年，国务院《中国（海南）自由贸易试验区总体方案》明确指出海南自贸区需要加快金融开放创新，充分发挥金融支持自贸试验区建设的重要作用，出台金融领域的一揽子政策措施，以服务实体经济、促进贸易投融资便利化为出发点和落脚点，以制度创新为核心，大力推动自贸试验区金融开放创新；进一步扩大人民币跨境使用、探索资本项目可兑换、深化外汇管理改革、探索投融资汇兑便利化，扩大金融业开放，为贸易投资便利化提供优质金融服务。海南国际航运交易所也需要开发航运相关的衍生品以及运价指数等航运金融产品。而根据《期货交易管理条例》第十三条规定，"期货交易所办理下列事项，应当经国务院期货监督管理机构批准：（一）制定或者修改章程、交易规则；（二）上市、中止、取消或者恢复交易品种；（三）国务院期货监督管理机构规定的其他事项。国务院期货监督管理机构批准期货交易所上市新的交易品种，应当征求国务院有关部门的意见"。

通过上述立法条例可以看出，出台新型的金融期货产品需要通过国务院期货监督管理机构批准，再进一步征求国务院有关部门的批准，审批流程耗时较长，缺乏灵活性。我国上海航交所 2016 年制定了《上海市推进国际航运中心建设条例》，直接将"上海航交所开发运价指数"写入了法条，上海航交所可以在法律的框架下，以合法的身份开展指数的研发工作，也为确保指数的真实性奠定了法律基础。上海航交所的航运指数相关法规为海南国际航运交易所航运衍生品以及运价指数的法律政策保障提供了发展思路，海南国际航交所的立法体系应将航运衍生品以及运价指数方面提供灵活审批，争取航运金融产品先备案、后审批的政策红利，提供法律保障使海南国际航交所设计市场上真正需求的航运衍生产品。

9.1.4 监管体制创新法律保障

加强监管制度完善与创新，建立与自贸区相匹配的监管模式。

根据《期货交易管理条例》第五条规定，"国务院期货监督管理机构对期货市场实行统一的监督管理。"中国证监会是经政府授权的监管部门，履行法定监管职责。同时，根据第十三条规定，"期货交易所办理下列事项，应当经国务院期货监督管理机构批准：（一）制定或者修改章程、交易规则；（二）上市、中止、取消或者恢复交易品种；（三）国务院期货监督管理机构规定的其他事项。国务院期货监督管理机构批准期货交易所上市新的交易品种，应当征求国务院有关部门的意见"。此外，根据第十二条规定，"当期货市场出现提高保证金等异常情况时，期货交易所可以按照其章程规定的权限和程序，决定采取下列紧急措施，并应当立即报告国务院期货监督管理机构：（一）提高保证金；（二）调整涨跌停板幅度；（三）限制会员或者客户的最大持仓量；（四）暂时停止交易；（五）采取其他紧急措施。前款所称异常情况，是指在交易中发生操纵期货交易价格的行为或者发生不可抗拒的突发事件以及国务院期货监督管理机构规定的其他情形。异常情况消失后，期货交易所应当及时取消紧急措施"。

但是，《国务院关于清理整顿各类交易场所切实防范金融风险的决定》指出，我国一些交易场所未经批准违法开展期货交易活动，有些交易场所存在严重投机和价格操纵等问题。虽然国家制定了相关《期货交易管理条例》等相关文件强化证监会监管职能，但地方性的交易所一直处于"管了乱、乱了管"的恶性循环当中。出现这种现象的原因之一就是行政监管乏力，未形成强有力的统一监管权力，地方层面监管权力分散，同时现有监管模式并没有针对各自贸区的特色进行针对性的监管，导致监管效果较弱。

因此，国际航交所监管体制可从以下三个方面进行完善与创新，从而最大程度发挥监管效力：首先，完善航运金融衍生品市场的监管体制。航运金融衍生品是我国金融领域的重大创新，无论是在法律制度还是监管机制方面都无"先例"可循。目前上海航运金融衍生品交易市场仍未落实市场监管主体，由于监管制度和监管主体的缺失，航运金融衍生品在业务创新、产品审查、风险管理等方面以自律监管为主，不利于航运金融衍生品市场建设和合规发展。其次，对标国际一流标准，加快构建与国际贸易规则相接轨的体制机制，构建起与航交所建设相配套的监管模式。最后，建设国际化、便捷化的政务服务体系，推行企业专属政务服务新模式。规范法治化营商环境，构建多元化国际商事纠纷解决机制和国际化的法律服务机构，成立国际专业仲裁调解机构。完善外商投资企业投诉机制，保护外商投资合法权益，加强对产权的司法保护。

9.2 国际航交所政策保障

尽管 2020 年 6 月中共中央、国务院印发了《海南自由贸易港建设总体方案》，但海南国际航交所建设还需要一些量身定制的细化政策。

9.2.1 船员免税政策保障

在航运产业，船员是其中的重要组成部分，对航运业的发展起到至关重要的作用，正是由于船员对于航运业的重要性，世界上主要的海洋国家，无论是发达国家还是发展中国家，如英国、挪威、日本、瑞典、新加坡、菲律宾、印度、韩国等，都给予船员一定的优惠政策。包括挪威、英国等老牌航运国家通过船员税收减免或免除兵役（韩国等）等措施来鼓励本国公民从事船员职业；同属第三世界的印度对船员实行在外 183 天个税免除；作为全球主要船员提供国之一的菲律宾对船员更是完全免税。

对船员减税影响着一国航运业的发展，如在 20 世纪 90 年代，新加坡政府大力扶持航运业，引进许多航运公司，不仅在税收和资金上给予大力支持，而且在船员的个税上采取免税的政策［参考《新加坡收入税法案》（Singapore Income Tax Act）］。在一系列的政策扶持下，新加坡仅用了十余年时间便发展成为位列第二的国际航运中心，其中，船员的免税政策为推动新加坡航运业的主要因素之一。

2019年，李克强总理在召开国务院常务会议时提出："为促进海运业发展，适应国内对海产品较快增长的需求，借鉴国际做法，从今年1月1日起到2023年底，对一个纳税年度内在船航行超过183天的远洋船员，其工资薪金收入减按50%计入个人所得税应纳税所得额。"[①] 总体来看，中国已经是全球最大的船员提供国，然而，在全球五大船员提供国中，我国的船员税负与国际上一些国家或地区还存在差距。

借助《海南自由贸易港建设总体方案》明确要求海南省建立船员管理制度的契机，海南自由贸易港应当制定更具竞争力和细节化的船员免税政策。

9.2.2 中国船舶登记政策保障

船舶登记管理作为海事领域的一项重要工作，我国的船舶登记管理相较于欧美、日本等发达国家，其发展研究仍处于起步阶段。船舶登记管理对指引我国船舶登记管理良性改革具有实际意义和不可或缺的价值。一是跟踪掌握国际相关立法发展动态，加快促进我国有关立法或修改完善我国现有法律。船舶登记管理具有显著的国际性，各国立法自成体系，又相互影响，而国际的船舶建造与交易愈发频繁，横亘在船舶交易之间的各国不同的船舶登记管理带来的冲突就需引起足够的重视，因此要进一步加强国际船舶登记管理研究，以适应新的立法工作。二是船舶登记法律体系具有综合性特点，其由国际公约、法

---

① 中国政府网. 李克强主持召开国务院常务会议听取个人所得税改革情况汇报 确定有关税收优惠政策减轻纳税人负担部署深化医药卫生体制改革进一步推进药品集中采购和使用 更好服务群众看病就医 通过《中华人民共和国城市维护建设税法（草案）》. http://www.gov.cn/guowuyuan/cwhy/20191120c37/mobile.htm［2019-12-20］.

律、行政法规、部门规章等一系列的法律法规组成，对这个综合体系深入研究，从而合理制定我国船舶登记制度及政策。

德国船舶登记制度及相关政策：①德国国际船舶登记制度的优势在于降低船员劳动力成本。主要政策是在德国国际船舶登记制度下，对于船舶配员的放松，一是法律规定仅船长必须是欧盟成员国的国民，而对其他船员的雇佣条件没有要求。二是外籍船员的工资标准可以参照船员母国的工资标准制定。②与国际船舶登记制度配套的相关政策，包括船舶吨税制、船员劳动力补贴、海员教育以及上船之后再培训的补贴、海员个人所得税的减免。

丹麦船舶登记制度及相关政策：丹麦海事局为船舶登记的主管机关。其船舶登记政策倾向于以下几方面，一是规定登记注册的受理时间，提高登记效率；主要考虑对于国外船舶加入丹麦国际船舶登记（Denmark International Register of shipping，DIRS）的登记手续的完成期限。二是对船舶国籍要求方面进行简化，对于合伙经营类船舶所有人，不再限定丹麦籍公民在管理层或董事会的人员比例。三是在线登记注册工作模式已经推广，但是尚未强制要求。

通过对德国和丹麦两国在国际船舶登记制度方面的实际做法以及相关政策的比较，我国登记制度要尽量做到明确、清晰，在每个申请阶段需要明确船东提供的相关法律文件，在受理的时效上要给出明确的时间节点，便于提高管理效率。另外，作为行政登记的一部分，船舶登记需逐步实现船舶登记信息电子化管理。切实从船舶的经营成本角度考虑，如船舶吨税、单船公司所得税的减免等，以提高登记制度的实施效果和制度本身的吸引力。创设符合中国国情的第二船籍登记制度，并在该制度框架内对悬挂中国国旗的远洋船舶提供优惠。这些政策实施会对海南国际航交所提供更大的便利。

9.2.3 金融财税政策保障

借鉴国际自由贸易港的经验和我国自贸试验区的发展实践，自由贸易港需要以下政策作为支撑。

1. 金融政策创新

离岸金融服务目的是打通国内外的资本市场,构建多层次、内外协同发展的金融创新服务体系。海南自由贸易港必须实现金融政策的开放化,通过国际化金融要素聚集、人民币国际化、跨境债券发行、个人居民直接投资境外金融产品等重大制度创新支撑自由贸易港成为区域金融创新中心。

2. 税收政策创新

离岸业务是海南自由贸易港重要的功能性业务。离岸业务的发展要求有相配套的、具有国际竞争力的离岸业务税收政策的支持。中国特色自由贸易港必须致力于构建开放条件下的"新型税收制度安排",通过离岸税收立法规范、具有国际竞争力的自由贸易港税收制度设计、税收政策创新配合国家战略引导特色产业发展、离岸业务税收监管制度设计等政策创新,支撑自由贸易港成为区域离岸经济中心。

3. 跨境流动政策创新

高端要素跨境自由流动是自由贸易港的重要特征和优势。中国的自由贸易港要吸引全球高端人才就必须解决"人可以入境,但宠物不能入境"等制度性障碍,尽可能简化跨境流动限制,大力发展离岸研发,建立跨境知识产权交易市场,支撑自由贸易港成为离岸科创中心。

总之,进一步解放思想,坚定不移贯彻新发展理念,坚持对外开放的基本国策,奉行互利共赢的开放战略,以开放的主动赢得发展的主动和国际竞争的主动,中国特色自由贸易港建设一定会走出"中国之路"。

第 10 章 | 海南设立国际航交所的条件分析

海南作为我国面向太平洋和印度洋的重要对外开放门户，海南处于泛珠三角经济区、北部湾经济区和东南亚经济区的交点处，是海上丝绸之路经济带的重要节点和连接中国大陆及辐射东南亚的桥头堡。2018 年 4 月 11 日，中共中央、国务院下发《中共中央 国务院关于支持海南全面深化改革开放的指导意见》明确提出在海南岛全岛范围建设高标准高质量自由贸易试验区，鼓励海南省积极探索中国特色自由贸易港的建设，分步骤、分阶段建立自由贸易港政策体系。2018 年 4 月 13 日，中共中央总书记、国家主席、中央军委主席习近平在庆祝海南建省办经济特区 30 周年大会上发表了重要讲话，指出要在海南建设自由贸易港，实施更高层次改革开放，赋予了海南新时代新的历史使命、新的探索任务。2018 年 9 月 24 日，国务院下发《中国（海南）自由贸易试验区总体方案》，其中第（十）条规定"加快金融开放创新"，第（十三）条规定"建设具有较强服务功能和辐射能力的国际航运枢纽，不断提高全球航运资源配置能力"。2020 年 6 月 1 日，中共中央、国务院印发《海南自由贸易港建设总体方案》，提出"支持建设国际能源、航运、产权、股权等交易场所"。海南自由贸易港是我国第一个真正对标全球自由贸易港的对外开放窗口。党和国家明确指出构建海南特色自由贸易港，必然要求海南占领全球航运业高端阵地，发挥"排头兵"作用。

10.1 政策红利

2020 年 6 月 1 日，中共中央、国务院印发了《海南自由贸易港建设总体方案》，将海南自由贸易港对标世界最高水平开放形态。《海南自由贸易港建设总体方案》给在海南设立我国国际航交所建设带来了如下政策红利。

1. 普惠性政策

税收优惠。企业所得税、个人所得税、关税等税种都有明显突破，尤其是部分企业和个人所得税率比拟甚至超过新加坡、香港、迪拜等境外自贸港，力度、广度和便利程度更是高于粤港澳大湾区和上海自贸区。例如，海南企业所得税为 15%，而新加坡为 0～17%、香港为 0～16.5%、迪拜为 0～20%；海南的个人所得税最高，为 15%，而新加坡为 0～22%、香港为 0～17%，迪拜为 0。

营商环境。海南自贸港政策制度体系最鲜明的特点制度集成创新，全面完善的监管制度与政府服务体系，实施自由贸易港法和产权保护制度、市场化的亲商理念，决心向新加坡、伦敦、纽约等一流国际航运中心看齐。

要素流动。《海南自由贸易港建设总体方案》全面明确了贸易、投资、资金、人员、运输、数据六大自由便利，为整个港航业另辟赛道、实现超车发展提供全方位保障。

产业扶持。海南自贸港建设三大产业：旅游业、现代服务业、高新技术产业。港航业本身就是现代服务业，其中邮轮游艇子行业更是发展重点，智慧航运物流也是高新技术产业的融合，完美契合重点扶持产业。《海南自由贸易港建设总体方案》赋予港航业在全球化竞争处于同一起跑线上。

2. 特殊性政策

底端的船舶、海员、货源等基础要素制度壁垒破除。例如，建设"中国洋浦港"船籍港、海员管理制度、集装箱拆拼箱业务发展、加注燃油免税、放宽空域管制与航路航权限制等。另外，发展推动保税仓储、国际物流配送、大宗商品贸易、转口贸易、发展跨境电商业态等提供了充足的物流资源。

中端的港航特色市场培育和科技赋能。一方面，结合海南的海洋旅游业，大力发展邮轮游艇产业；另一方面，以物联网、人工智能、区块链、数字贸易等为重点发展信息产业，借势塑造航运科技产业赋能。

顶端的航运金融话语权和定价权。方案做出了详细规划，如瞄准全球性港航业资源要素定价权和话语权，建设国际能源、航运等交易场所，打造全球港航资源交易中心；积极发展涉海金融、推动发展相关的场外衍生品业务、规范稳妥开发航运物流金融产品和供应链融资产品、取消船舶和飞机境外融资限制，探索以保险方式取代保证金等。

3. 其他支持政策

（1）基本要素方面

建设"中国洋浦港"船籍港。支持海南自由贸易港开展船舶登记。建立海南自由贸易港航运经营管理体制及海员管理制度。进一步放宽空域管制与航路航权限制，优化航运路线，鼓励增加运力投放，增开航线航班。推进船舶联合登临检查。构建高效、便捷、优质的船旗国特殊监管政策。加强内陆与海南自由贸易港间运输、通关便利化相关设施设备建设，合理配备人员，提升运输来往自由便利水平。建设西部陆海新通道国际航运枢纽。加快三亚向国际邮轮母港发展，支持建设邮轮旅游试验区，吸引国际邮轮注册。设立游艇产业改革发展创新试验区。创新港口管理体制机制，推动港口资源整合。拓展航运服务产业链，推动保税仓储、国际物流配送、转口贸易、大宗商品贸易、集装箱拆拼箱等业务发展。对以洋浦港作为中转港从事内外贸同船运输的境内船舶，允许其加注本航次所需的保税油；对其加注本航次所需的本地生产燃料油，实行出口退税政策。以联运提单付运的转运货物不征税、不检验。从海南自由贸易港离境的货物、物品按出口管理。实行便捷高效的海关监管，建设高标准国际贸易"单一窗口"。由境外起运，经海南自由贸易港换装、分拣集拼，再运往其他国家或地区的中转货物，简化办理海关手续。内陆货物经海南自由贸易港中转再运往内陆无需办理报关手续。

（2）航运金融保险方面

支持建设国际能源、航运、产权、股权等交易场所。加快发展结算中心。积极发展涉海金融。试点改革跨境证券投融资政策。推动发展相关的场外衍生品业务。支持设立财产险、人身险、再保险公司以及相互保险组织和自保公司。为船舶和飞机融资提供更加优质高效的金融服务，取消船舶和飞机境外融资限制，探索以保险方式取代保证金。在服务贸易领域开展保单融资、仓单质押贷款、应收账款质押贷款、知识产权质押融资等业务。支持涉海高新技术企业利用股权、知识产权开展质押融资，规范、稳妥开发航运物流金融产品和供应链融资产品。依法有序推进人工智能、大数据、云计算等金融科技领域研究成果率先落地。

（3）航运科技方面

聚焦平台载体，提升产业能级，以物联网、人工智能、区块链、数字贸易等为重点发展信息产业。

10.2　区位优势

海南地处中国的最南端，四面环海，岛屿众多，位于中国—东盟自由贸易区的地理中心，处于西太平洋通往印度洋海上交通线附近，直面全球最为繁忙的南海黄金水道，南通亚洲第一大港新加坡港、北邻香港，拥有丰富的海洋资源。授权管辖南海 200 万 km^2 海域，位于泛珠三角经济区，北部湾经济区和东南亚地区的交汇处，也是中国距离马六甲海峡最近的省份，是我国辐射东南亚地区的重要支点以及海上丝绸之路的关键节点，如图 10-1 和图 10-2 所示。南海航线是我国重要的外贸航线，我国 3/4 的外贸进出口货物、占世界总贸易额 2/3 的液化天然气、全球 1/3 以上的国际贸易都要通过南海航线；中国石油进口主要地区包括中东（2021 年占我国石油总进口量的 50.79%）

和非洲（2021 年占我国石油总进口量的 24.63%）均要经过马六甲海峡——南海航线，而海南是西南、东南航线的关键节点。在国际陆海贸易新通道中，海南所处地理位置优越，在新通道贸易占据重要地位，为今后自由贸易港的发展提供了强劲的货源和动力。

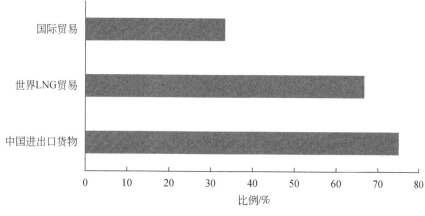

图 10-1   经由南海航线的航线贸易情况

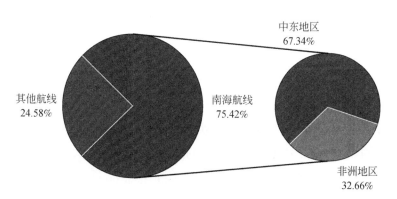

图 10-2   中国石油进口历经航线——以南海航线为主

海南具备许多华南及东南亚港口不可比拟的优越条件，如洋浦港水深、避风、回淤量少、可利用海岸线长，素有"天然深水良港"之称。凭借其四面环海的相对独立的地理单元优势和狭长的海岸线，海南岛具备了强大的辐射力，能够辐射周边区域性人流、物流、商流、资金流和信息流，从而推动周边国际经济环境的改善，促进地区之间的交流、互动与合作。海南优越的地理位置为海南国际航交所提供得天独厚优势，可以吸引航运元素聚集，带动船舶租赁与交易、船舶融资与保险业务发展，提高交易效率，降低交易成本，进一步吸引国际船公司、航运总部集聚，提高海南国际航交所影响力。

10.3　港航资源聚集

海南省是全国唯一具有海域管辖权的省份，其管辖面积超过200万km²，海域蕴藏着丰富的油气资源，在国内外有着重要的战略地位。《国务院关于推进海南国际旅游岛建设发展的若干意见》中指出"南海资源开发和服务基地"为海南发展的六大战略定位之一，提出做大做强海洋油气资源勘探、开采和加工业。南海地区的油气资源丰富，作为距南海地区最近的区域，海南资源优势能够推动提高海南国际航交所在国际采购、国际配送、保税仓储、保税加工以及开采船舶的维修、补给等业务的服务质量，并能进一步合理开发和利用南海地区资源。

海南省港口总吞吐量中，主要的十七大类货种吞吐量2018年共完成13 274.86万t，石油、天然气，农林牧渔业产品，木材，矿建材料，煤炭及制品位列前五（图10-3）。由此可见，建立符合海南特色的能源与大宗商品作为海运标的物的航交所，在海南交易、在全国交割，这样的组合具备其他地区没有的优势。海南可以进一步依托洋浦港油品储运设施基础，继续做强做大洋浦港油品运输和中转规模，以洋浦国际能源交易中心为基础，以橡胶、棕榈油、石油天然气及制品等货类交易为起步，构建航运交易品种、不断完善运营模式和服务体系，完善交易、结算、仓储、物流、金融等功能，完善市场信息发布功能，打造若干市场交易指数，以市场交易带动物流中转、储备、运输规模的提升。

另外，近年来海南进出口贸易高速增长。2021年海南全省对外贸易进出口总值905.90亿元，比上年增长6.8%，高出全国增速3.4个

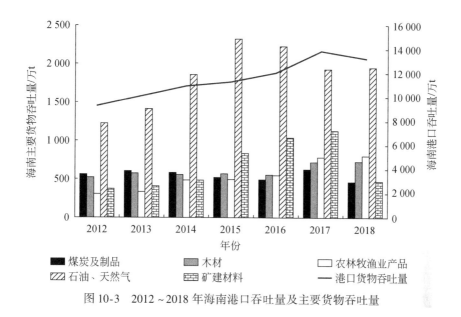

图 10-3　2012~2018 年海南港口吞吐量及主要货物吞吐量

百分点。其中，出口总值 343.70 亿元，增长 15.4%；进口总值 562.20 亿元，增长 2.1%。海南省外贸稳中向好的趋势不断巩固，发展潜力不断显现。出口方式中，一般贸易和加工贸易总值分别为 85.34 亿元、60.40 亿元，同比分别增长 14.9% 和-20.3%。2021 年海南消费品取代飞机成为头号进口商品。免税品进口呈现强劲增长态势，进口额同比大幅增长 89.7%，免税品进口已成为拉动海南外贸增长的因素之一。

作为我国"一带一路"的关键节点，海南与 161 个国家及地区有贸易往来。东盟、美国、欧盟为海南前三大贸易伙伴，2019 年对东盟进出口贸易额达 277.69 亿元，增长 42.3%，是海南外贸最大伙伴，占同期外贸总值的 30.7%。此外，海南对"一带一路"沿线国家进出口总值达 352.29 亿元，比上年增长 10.6%，占货物进出口总值的 38.9%。其中，对印度尼西亚进出口增长 24.8%。